VIE

DE

FÉLIX NEFF.

L n 27 1 111

VIE

DE

FÉLIX NEFF,

PASTEUR DANS LES HAUTES-ALPES.

TOULOUSE,

IMPRIMERIE DE K.-CADAUX,

RUE DE LA TRINITÉ, Nº 8.

—

1837.

Publié par la Société pour impression de Livres
religieux , à Toulouse.

VIE

FÉLIX NEFF.

« Tu as souffert, tu as eu patience, tu as
travaillé pour mon nom, et tu ne t'es
point lassé. » — Apoc. II, 3.

Neff passa son enfance, avec sa mère, dans
un village près de Genève. La beauté du site, la
pureté de l'air, et l'exercice continuel de toutes
ses facultés, contribuèrent à développer en lui
une ame sensible et forte, une constitution ro-
buste, un caractère ardent et réfléchi. Après avoir
reçu quelques leçons de latin du pasteur de la
paroisse, il étudia seul la botanique, l'histoire,
et la géographie.

La lecture de Plutarque lui inspira l'amour des
grandes actions qu'il conserva toujours. J. J.
Rousseau, avec lequel il eut beaucoup de rap-

port pour la manière vive et surtout originale de sentir, sans cependant partager ses erreurs, Jean-Jacques, disons-nous, était encore un de ses auteurs de prédilection. Neff lui dut, pour les lectures légères et les spectacles, un mépris qu'il n'a jamais démenti. On le pressait, à l'âge de douze ans, d'aller voir jouer une pièce très à la mode. Croyez-vous qu'on ne s'y amuse pas, lui dit-on, « Au contraire, répondit-il, je crois qu'on s'y amuse trop. » Cette sévérité de principes, ou ce stoïcisme orgueilleux était bien éloigné sans doute des humbles et douces vertus du christianisme ; mais Dieu, qui fait concourir toutes choses au bien de ses enfans, s'en servit pour garantir sa jeunesse de beaucoup de piéges du monde et de son propre cœur.

Placé comme apprenti chez un jardinier-fleuriste, il fit, à seize ans, un petit traité sur les arbres et la culture qui leur est propre, déjà remarquable par l'ordre, la précision et l'esprit d'observation. Des épreuves l'obligèrent à s'enrôler à dix-sept ans dans la garnison de Genève ; à dix-neuf il était sergent d'artillerie. Les exercices de cette arme ne contribuèrent pas moins que les travaux de la campagne à endurcir son corps à la peine, et à le préparer pour des fatigues plus utiles et plus glorieuses. Pendant ces années, qui sembleraient perdues, il acquit des connaissances, pour lesquelles le temps et les

moyens lui avaient manqué. Sa vocation le conduisit à apprendre les mathématiques, et son
goût, les sciences naturelles. Une mémoire et
une intelligence rares lui rendaient l'étude facile :
il travaillait avec plaisir ; aussi sa conversation
était fort intéressante : il s'exprimait d'une manière brève et pleine de justesse ; ses comparaisons étaient parfaites ; il disait beaucoup, très-
bien, et en peu de mots.

Mais pour celui qui veut le bonheur, que peuvent les choses humaines ? Quels objets seraient
capables de remplir l'immensité du cœur de
l'homme ? Celui en qui brillent les plus grandes
lueurs de l'esprit, ne reconnaît-il pas que tout,
dans ce monde, est insuffisance et vanité ? Depuis
long-temps, Neff éprouvait la vérité de cette
parole de Jésus, au sujet des choses de la vie :
« Qui boit de cette eau aura encore soif. »

L'esprit d'analyse et de justesse qui le carac-
térisait, lui découvrait le fond des actions les
plus vantées, et lui faisait voir les siennes propres
dans toute leur nudité. Forcé de reconnaître que
ses meilleures œuvres et toute sa moralité n'avaient
pour cause et pour but que le moi, il se troublait,
et son angoisse s'augmentait encore par son incrédulité. Croire et s'humilier devant Dieu devint
pour lui un besoin pressant ; alors il faisait une
prière qu'il nous a plusieurs fois répétée en nous
racontant sa conversion : « O mon Dieu ! quel

que tu sois, fais-moi connaître ta vérité, daigne
te manifester à mon cœur ! » Mais déjà il était
exaucé : cette soif de vérité, de réalité, n'était
qu'un appel de Celui qui ne se laisse jamais sans
témoignage auprès des fils des hommes.

Neff se mit à lire la Bible, qu'il reconnut bientôt pour le seul livre qui lui peignit le véritable
état de son ame ; cependant il n'y voyait encore
Dieu que comme un juge. A cette époque, un
pasteur lui remit « Le Miel découlant du rocher, »
qui répandit des torrens de lumière dans son
esprit. Nous croyons devoir indiquer quelques-
uns des passages de cet excellent livre, qui donnèrent la paix et la joie à notre ami : ces pages, il
les relisait, et les soulignait à son lit de mort.

« Si vous connaissiez Jésus-Christ, vous ne
voudriez pas, pour tout au monde, faire une
bonne œuvre sans lui, 2 Cor. iii, 5. Si jamais
vous l'avez connu, vous savez qu'il est le rocher
du salut, infiniment élevé au-dessus de toute
propre justice, Ps. lxi, 3. Et ce rocher vous
suivra partout, 1 Cor. x, 4. C'est de lui que dé-
coule continuellement le miel de la grâce qui
peut seul vous rassasier. »

« Voulez-vous aller à Jésus ? Laissez en ar-
rière toute propre justice ; ne lui portez que vos
péchés, votre misère. »

« Voulez-vous connaître toute l'horreur du
péché ? Ne vous arrêtez pas à l'examiner en vous,

approchez-vous de Jésus en croix, contemplez-le dans sa forme souffrante, et vous frémirez. »

« Laissez-vous conduire par l'Esprit de Dieu toujours plus avant dans l'intelligence de l'Écriture sainte ; c'est la vraie mine où vous trouverez le plus précieux des trésors : vous y découvrirez le cœur de Christ. »

« Attendez la manifestation de Jésus dans votre cœur, comme le guet attend l'étoile du matin, Ps. cxxx, 6. Il se lèvera comme l'aurore, il viendra à vous comme la rosée qui humecte la campagne, Osée vi, 3. De même que rien ne peut retarder le lever du soleil, rien ne peut empêcher que Jésus, le Soleil de Justice, ne vienne vous éclairer, Matth. iv, 2. »

Pénétré de sentimens d'amour pour Dieu, Neff résolut de consacrer sa vie au Sauveur et d'annoncer son Évangile. Chez lui, l'action suivait de près la pensée ; aussi, dès ce moment, fit-il entendre la prédication de la croix dans la caserne, l'hôpital et les prisons.

Il s'était uni, en 1818, aux Chrétiens de la Nouvelle Église. En 1819, il posa l'habit militaire, à la grande satisfaction de ses officiers, mécontens de l'influence que ses principes religieux et son caractère particulier lui donnaient sur ses camarades ; et, une fois délivré de ces liens, il s'adonna entièrement à la vocation à laquelle il se croyait appelé. Plus tard, quand

il reçut l'ordination, il dut rendre compte des
motifs qui lui avaient fait embrasser la carrière
d'Évangéliste; en parlant de cette époque, nous
rapporterons ses propres paroles.

Il parcourut les villages des environs de Genève, où il avait beaucoup de relations, lisant et
expliquant la Parole de Dieu dans toutes les maisons. Son genre simple, ses comparaisons, presque toujours tirées des sujets et des travaux de la
campagne, le mettaient à la portée de tous; il
répandait le goût de la piété partout où il allait;
aujourd'hui encore, c'est avec bénédiction que
bien des familles se souviennent de ses entretiens.
Plein de zèle, il ne s'épargnait pas, et n'avait
aucun égard à l'apparence. Nous l'avons vu gra-
vir le Jura, dans sa partie la plus escarpée,
pour visiter un pauvre berger, originaire des
vallées du Piémont, qui manifestait, à travers
une écorce épaisse et grossière, quelques étin-
celles de vie religieuse.

Ainsi se passèrent plusieurs mois. Il étudiait
la Bible avec le plus grand soin, il faisait une
concordance afin de se la rendre bien familière,
aussi pouvait-il en réciter des livres entiers. Nous
avons vu plusieurs Bibles et plusieurs Nouveaux
Testamens chargés de ses notes sur toutes les
marges; ses amis les conservent comme de précieux souvenirs.

En 1819 ou 1820, étant appelé à visiter un

meurtrier dans les prisons du canton de Vaud, il
eut la joie de le voir venir à la foi : cette circonstance mit Neff en relation avec plusieurs pasteurs,
qui lui demandèrent son assistance dans leur œuvre.

Son œuvre ne se borna pas au pays de Vaud :
quelques mois furent employés à prêcher l'Évangile dans le canton de Neuchâtel et dans la partie
Française de celui de Berne ; il établit des réunions religieuses dont plusieurs subsistent encore. Mais nous n'entrerons point dans les détails
de cette œuvre ; trop de noms s'y rattachent ;
et nous voulons nous hâter d'arriver à l'époque la
plus intéressante du ministère de Neff. Nous
nous bornerons seulement, pour faire connaître
la largeur de principes qui dirigeait sa conduite,
à donner ici un court extrait d'une des lettres
qu'il écrivait à cette époque. Voici ce qu'il écrivait de Lausanne, en 1820, à l'un de ses amis :

« Le Seigneur paraît ouvrir à la prédication
de son Évangile une large porte dans ce canton ;
elle ne se fermera pas de sitôt, pourvu que l'on
s'y conduise avec prudence, et qu'on s'y garde
d'agiter aucune question secondaire, qui, sans
être directement relative au salut, pourrait jeter
l'alarme dans les esprits, et faire craindre un
schisme. Mais s'il est nécessaire d'agir ainsi dans
un pays dont le Clergé s'attache aux doctrines
orthodoxes, il ne l'est pas moins de travailler à y
réveiller une foi vivante et véritable. »

Après plusieurs mois consacrés à la mission dont nous avons parlé, notre ami revint à Genève dans le moment où M. le pasteur Bonifas faisait la demande d'un Evangéliste pour le remplacer à Grenoble, pendant son absence qui devait durer quelque temps. Constamment prêt pour le service de son Maître, Neff s'offrit, et partit aussitôt. Il avait alors vingt-quatre ans, et le temps, pour lui, qu'il employait si bien, passait avec rapidité : « Le prophète, » écrivait-il à sa mère, a bien dit « que nos jours sont emportés comme par une ravine d'eau. » Grâce à Dieu, nous savons où va se jeter ce fleuve qui nous entraîne, et nous nous en réjouissons. Le mondain qui n'a point de Sauveur peut compter les jours avec la même angoisse que le criminel voit s'écouler les derniers instans d'une vie que l'on va lui arracher ; mais, semblable à un pauvre exilé qui vient de recevoir la lettre de grâce, le Chrétien fait avec joie les pas qui le rapprochent de sa chère patrie. D'ailleurs, cette idée de notre peu de durée, nous aide à supporter le poids et la chaleur du jour. » Dans une autre lettre, il se plaignait du peu de fruit de sa prédication, et de l'indifférence qui régnait à Grenoble : il comparait cette ville à un cimetière, tant y était faible le mouvement religieux. Cet état de mort était pénible pour lui, habitué qu'il était à voir s'élever de toutes parts des enfans à Abraham ; aussi sentait-il bien vivement l'insuffisance de la voix de l'homme et la nécessité de la prière pour obtenir le souffle de vie du Saint-Esprit.

M. Bonifas étant revenu après six mois d'absence, Neff fut demandé pour rendre le même service à un pasteur de Mens, pendant un temps indéterminé. Il s'y rendit, joyeux de trouver une paroisse dont les habitans, de mœurs plus simples, étaient, au moins par tradition, plus attachés à la foi chrétienne et protestante. D'accord avec M. B***, le pasteur demeurant, il travailla de suite avec la plus grande activité. De ce moment aussi commencent ses journaux, dont nous ferons un fréquent usage, afin de donner à cette notice plus de vie et d'individualité. Neff se peindra mieux dans ces courts extraits que dans un récit.

« *Mens*, *le 14 janvier* 1822. — Un des plus grands obstacles que j'aie à combattre ici, c'est la controverse ; tout le monde en est passionné : aussi, j'ai dû avertir que je ne perdrai pas mon temps à ces discussions desséchantes pour le cœur. Toutefois, j'ai bien de la peine à les remplacer par quelque chose de bon ; souvent, après de longues conversations, je me reproche de n'avoir pas été fidèle ; d'un autre côté, je crains de presser les temps.

» J'ai prié le Seigneur avec un cœur navré.

Hier, j'ai prêché sur les dix Vierges, et j'ai remarqué beaucoup d'attention. Déjà l'on me fait des questions sur mes discours; on veut en discuter la doctrine ; j'ai cru voir quelque étincelle de réveil; mais je n'ose espérer ni me réjouir : j'ai tant de fois éprouvé qu'aussitôt que je jette un coup-d'œil sur mon ouvrage , Dieu me le brise entre les mains, à cause de mon misérable amour-propre.

» Le pasteur reçoit des lettres, dans lesquelles on lui parle de Genève et du canton de Vaud. On le somme de garder son troupeau des loups et du faux prophète; il est bien aisé de voir que c'est moi que l'on désigne ainsi ; et tout dort encore, excepté l'ennemi ! »

« 20 février. — Je ne vais que dans les endroits où je puis parler de l'Évangile ; je suis bien accueilli , quoique luttant beaucoup contre les romans, les cartes et les bals; mais je le fais avec prudence : il ne faut pas mettre le vin nouveau dans de vieux vaisseaux.

» Je désirerais ne pas quitter cette contrée où la moisson est grande, et dont le peuple , non prévenu contre l'Évangile , respecte singulièrement les doctrines de ses pères. »

(L'espèce d'anxiété que l'on peut remarquer ici, venait de la crainte que le retour trop prompt du pasteur absent, ne vînt interrompre son œuvre au moment où il concevait quelque espérance de succès.)

« En attendant, je rassemble mes catéchumènes du bourg quatre fois la semaine; je leur fais apprendre des passages du Nouveau Testament, en les liant avec soin aux enseignemens du Catéchisme d'Ostervald.

» 2 *avril.* — Je demande à Dieu qu'il me fasse la grâce de trouver en tout temps sa volonté bonne, agréable et parfaite; c'est ma seule prière. Une vie sédentaire a peu d'attraits pour moi. Quelquefois j'envisage avec peine la nécessité de travailler constamment dans le même lieu; je préférerais infiniment l'existence errante d'un missionnaire. »

Mais le réveil de Mens allait se manifester. Les temples se remplissaient quand Neff devait prêcher; il y régnait un silence et une attention remarquables; plusieurs personnes venaient de loin pour l'entendre; on lui demandait ses conseils, des livres, et surtout les prières qu'il faisait au temple.

Déjà quelques maisons abonnées renvoyaient la caisse de romans qui arrivait de Grenoble tous les mois, et beaucoup de gens qui les lisaient s'en trouvaient ainsi sevrés. Les catéchumènes d'un hameau voisin se réunissaient le dimanche pour lire la Bible. On commençait à aimer les chants religieux. Les vieillards se ressouvenaient des anciens temps, lorsqu'au travers des forêts et des montagnes, malgré le froid et l'orage, au

péril de sa vie, on faisait plusieurs lieues de
nuit pour assister aux assemblées du désert, et
ils disaient : « A présent nous sommes des
lâches. »

Neff n'avait plus le temps d'écrire ses sermons, il s'accoutumait insensiblement à l'impro-
visation ; le seul travail qu'il faisait après avoir
médité dans son cœur, était de classer dans un
simple cadre les principaux points de son discours ; ensuite il s'abandonnait à la bénédiction
de Dieu. Par cette méthode, que dès-lors il suivit toujours, il évitait la perte d'un temps précieux, et d'un autre côté, le reproche d'incurie
et de confusion, que l'on a pu faire à tant d'im-
provisateurs.

« *Mens*, 15 *mai*. — Il m'est souvent arrivé de
parler depuis cinq heures du matin jusqu'à onze
heures du soir ; cependant je n'ai ni toux, ni
douleurs de poitrine.

» Il m'arrive aussi fréquemment, le dimanche, de faire plusieurs lieues et cinq ou six services. Depuis avant Pâques, j'ai visité presque
tous les villages et hameaux de la paroisse ; je
tiens partout des assemblées où l'on vient de fort
loin, après les travaux. J'ai de plus visité, commune par commune, mes catéchumènes. Quand
je suis à Mens, il y a tous les soirs catéchisme ou
réunion familière pour le chant et la lecture de
la Bible. M. le pasteur B*** m'aide beaucoup.

» Toutes mes visites de malades sont autant d'assemblées où les voisins s'empressent d'assister. Les enterremens sont aussi des occasions de prêcher ; je me garde bien de les négliger.

» Maintenant, il y a peu de familles riches ; dans le bourg, qui ne comptent une partie de leurs membres parmi les gens biens disposés. Dans le peuple, il y a un peu moins de réveil. »

Quel changement dans cinq ou six mois !

Selon l'opinion abusive du monde, il n'y a que les pécheurs scandaleux qui aient besoin de pardon et de régénération. Mais Celui « qui sonde les cœurs et les reins, » et dont « les yeux sont trop purs pour voir le mal, déclare, dans son immuable parole, » que tous ont péché, que tous sont sous la condamnation. Aussi, nous nous réjouissons et nous reconnaissons la main de Dieu, lorsque les honnêtes gens se convertissent à lui.

« Emilie était de tous les bals, comédies, fêtes, etc., cependant elle assistait au service public. La plus intelligente de mes catéchumènes, » dit Neff, « elle formait de bonnes résolutions, et, comme je l'avais recommandé, elle priait Dieu de lui faire connaître ses péchés.

« Pendant le sermon du Vendredi-Saint, elle fut frappée de ces paroles que je répétais souvent : Allez à Golgotha, et vous verrez combien vos péchés sont odieux. L'angoisse s'empara de son ame; elle maudit le moment où elle avait demandé cette horrible connaissance; et resta dans cette situation, sans rien en dire, jusqu'au mardi matin. Ses parens et ses amis ne pouvaient comprendre une telle affliction; enfin, je pus lui faire lire quelques passages consolateurs; elle prit mon Testament, et l'ouvrit à l'endroit de mon texte : « Si votre justice ne surpasse, » etc. C'est bien vrai, me dit-elle, notre justice ne surpasse point celle des Pharisiens, elle lui est bien inférieure. Aussi Paul dit-il que nulle chair ne sera justifiée par les œuvres de la loi, lui répondis-je, en lui montrant d'autres passages. Puis, lui parlant des motifs d'amour et de reconnaissance qui portent les vrais fidèles à obéir à Dieu : Croyez-vous, ajoutai-je, que ceux qui ont de tels sentimens puissent trouver du plaisir dans les choses du monde? — Non, mais j'en trouve. — Je tâchai de lui faire sentir combien la vérité de l'Évangile devait nous rendre sérieux. Cela ne me rend pas sérieuse, dit-elle encore, et elle fondait en larmes. — Je rends grâces à Dieu des dispositions où je vous vois; ceux qui pleurent seront consolés; prenez courage, il existe un Consolateur; Jésus le promit à ses disciples, il peut vous l'envoyer aussi.

» Le lendemain, elle me dit en sanglottant : Je suis trop orgueilleuse, je ne pourrai jamais être sauvée. Je lui témoignai ma joie de lui voir

cette connaissance de son cœur, et je déroulai
de nouveau devant elle tous les trésors de la miséricorde divine en Jésus-Christ. Je la laissai pour
aller à La Mure, où je prêchai l'après-midi. Je
tins le soir une nombreuse assemblée à La Baume,
près du Drac, chez le maire de la commune. Les
habitans de ce petit village sont tous protestans;
il n'en resta pas un seul dans les maisons : on
apporta jusqu'aux petits enfans. De mémoire
d'homme, on n'avait entendu de prédication dans
cet endroit, fort éloigné des temples et des rou-
tes. Le lendemain, j'allai à Saint-Jean visiter une
personne mourante, et je revins à Mens pour
mon catéchisme.

» J'étais inquiet de la pauvre Emilie. Oh! que
je suis heureuse ! s'écria-t-elle en me voyant.
Ah! vous ne m'avez pas laissé entre les mains
d'un juge. Oh ! qu'il est bon ! qu'il est bien nommé Sauveur! Mais quelles angoisses ! combien le
Seigneur a dû souffrir, lui qui a bu jusqu'à la
lie ce calice d'amertume ! Je comprends à présent
ce qu'il voulait dire : « Mon ame est saisie de
tristesse jusqu'à la mort. »

Des gens de tout âge, de toute condition, ré-
clamaient le sang de Christ; c'était comme une
résurrection. Mais ce qui réjouissait surtout Neff,
c'était le changement de ses catéchumènes. Il
prenait l'intérêt le plus tendre à leur instruction,
priait constamment pour eux, et les suivait dans

leurs familles, autant qu'il était en son pouvoir.
Sa sollicitude s'étendait à tous les enfans; et
parmi ceux qui avaient le bonheur de recevoir
ses soins, on parlait d'une petite fille de huit ans,
remarquable par sa persévérance dans la piété,
quoiqu'elle fût entourée des contradictions de
parens ennemis de l'Évangile. Neff savait que si
l'on ne peut raisonnablement compter sur la soli-
dité de la foi dans un âge aussi tendre, on peut
du moins en espérer des fruits excellens pour
l'avenir; elle produit dans les jeunes ames de ces
impressions profondes et ineffaçables qui sont
comme des pierres d'attente pour l'édifice entier,
des souvenirs qui deviennent quelquefois plus
forts et plus influens à mesure que la vie s'écoule
et que ses illusions se dissipent.

Le changement qui s'était opéré dans Emilie
avait fait une vive impression sur toutes ses
amies; plusieurs se convertirent aussi, et la re-
cherchèrent pour s'entretenir de leurs intérêts
religieux; elles se réunirent régulièrement les
dimanches; elles firent des progrès en zèle et en
connaissance, et leurs réunions devinrent assez
nombreuses pour être remarquées : alors on leur
donna le nom de « las Marias » (les Maries);
nom qu'elles méritaient en effet, car elles aussi
« avaient choisi la bonne part. »

« Il est difficile, » disait Neff, « de supposer
une Église plus vivante que la société de ces

jeunes filles; non contentes de se réunir le dimanche, elles saisissent toutes les occasions de
s'encourager mutuellement par la prière et la
lecture de la Parole de Dieu. Cela s'est fait sans
que je m'en sois mêlé; je n'ai pas même l'air d'en
être touché, de peur d'en souiller le principe par
l'orgueil. » Bientôt leur exemple fut suivi dans
le pays : à peine y avait-il quelques nouvelles
converties dans les autres communes, qu'elles
formaient des liaisons avec celles de Mens et se
disposaient à les imiter.

Nous placerons ici quelques mots d'une lettre
que Neff écrivit à tous ses frères à Mens, de
Londres, où il fit un voyage dont nous vous
entretiendrons bientôt.

« Mes chers enfans, — Je prenais patience,
comptant vous revoir dans peu; mais en appre-
nant aujourd'hui qu'il me faudra encore rester
quelque temps ici, l'ennui s'est emparé de moi,
mon cœur s'est gonflé; je me suis rappelé votre
attachement pour moi, votre simplicité, votre
zèle, votre amour pour l'Évangile, et les momens
heureux que j'ai passés avec vous; alors j'ai lu
vos chères petites lettres, et je n'ai pas senti seulement le besoin de les lire, mais je les ai portées
à ma bouche, comme on ferait du portrait d'un
ami; alors, mes chers enfans, il m'a fallu verser
des larmes en pensant à vous, et vous savez
combien je suis peu sensible. Oh ! si seulement

2

je n'avais pas la crainte que quelques-uns de vous
se laissent détourner du bon chemin pour aimer
le monde ! Mes chers amis , ne me donnez pas ce
chagrin, soyez fidèles , » etc.

Ses journaux contiennent beaucoup de ces
traits de tendresse que sa sévérité de principes
ne laissait pas soupçonner ; mais à cette vivacité
d'affection, il joignait le soin de reprendre ceux
qui s'éloignaient du chemin de la piété.

« S'il y a de la joie , » disait-il en parlant de
son œuvre, « il y a souvent de la tristesse ; si
quelques-uns ouvrent les yeux à la lumière, il en
est aussi qui les referment, et l'ardeur du soleil
sèche le germe tendre qui n'a pas poussé de profondes racines. » La pauvre L*** en était un
exemple ; après avoir marché quelque temps à
la clarté de l'Évangile, elle avait cédé aux durs
traitemens des gens de sa maison. « Au catéchisme, » continue Neff , « je l'interrogeai la
dernière ; après qu'elle eût récité ces paroles de
Jésus : « Je vous enverrai, » etc. , je lui deman-
dai si cet Esprit nous était donné seulement pour
un temps. — Pour toujours, dit-elle. — Mais
quoique cet Esprit ne se retire point de lui-
même, ne pouvons-nous pas le perdre ? — Elle
ne pouvait répondre ; cependant elle me dit à
demi-voix , et les larmes aux yeux : Oui ! — Oui,
répétai-je, et vous en êtes la preuve. Le Seigneur
vous avait éclairée de son Esprit ; vous aviez senti

le poids de vos péchés et trouvé la paix à ses pieds ; vous aviez connu combien il est bon , et maintenant — vous êtes retombée ! — Prenez-y garde , malheur à celui par qui le Fils de l'homme est trahi ! »

« Veillons et prions, » ajoute-t-il, « de peur de tomber comme elle par timidité ; souvenons-nous de la femme de Loth. »

Tout servait de leçon à notre ami : les chutes des uns excitaient sa vigilance, le zèle des autres accroissait le sien, et le remplissait d'humilité ; sa foi s'augmentait de tous les succès dont il était récompensé.

« L'œuvre de Dieu se soutient, » écrivait-il ; « mais quand le cheval est mauvais, la voiture ne va pas vite.

» Cependant, quelque sec et aride que soit mon cœur, je ne laisse pas d'annoncer l'amour du Père. La même puissance qui fit jaillir l'eau du rocher dans le désert fait aussi sortir de mon sein des fleuves d'eau vive, quoique moi-même je n'en aie pas une goutte pour me désaltérer. »

« 17 octobre. — Au premier coup-d'œil , les habitans du pays m'avaient paru plus simples et plus pieux que ceux des autres contrées. Maintenant, je découvre que la masse est foncièrement incrédule, et si quelque chose me surprend, c'est l'empressement qu'ils ont mis à entendre une doctrine toute appuyée sur la Bible, qu'ils osent appeler une fable.

» Depuis quelque temps, je me suis mis à parler, tant bien que mal, le patois du pays, cela facilite singulièrement mes relations avec les paysans, dont la plupart n'entendent guère mieux le français que le latin ; je commence même à pouvoir leur traduire l'Évangile ; ma lecture, ainsi mise à leur portée, leur fait souvent verser des larmes. »

Les assemblées du dimanche soir prenaient la place des sociétés mondaines, et devenaient très-nombreuses. On y chantait beaucoup, afin de bien remplir la soirée, et pour apprendre la musique des psaumes et des cantiques, presque inconnue auparavant. De temps en temps on lisait quelque portion de la Bible ; M. Blanc ou Neff proposait ensuite quelques réflexions, et tout se passait avec la plus grande simplicité. En voici un exemple :

Un soir que ses auditeurs commençaient à s'endormir, M. Blanc leur dit : Comme je vois que tout ce qui est sérieux et vrai vous fatigue, je vais vous conter une fable ; et tout le monde surpris se réveille pour écouter.

La cigale ayant chanté
Tout l'été,
Se trouva fort dépourvue
Quand la bise fut venue ;

Pas un seul petit morceau
De mouche ou de vermisseau !
Elle alla crier famine
Chez la fourmi, sa voisine,
La priant de lui prêter
Quelque grain pour subsister
Jusqu'à la saison nouvelle.
Je vous pairai, lui dit-elle,
Avant l'août, foi d'animal,
Intérêt et principal.
La fourmi n'est pas prêteuse :
C'est là son moindre défaut.
Que faisiez-vous au temps chaud ?
Dit-elle à cette emprunteuse.
Nuit et jour à tout venant
Je chantais, ne vous déplaise.
Vous chantiez ! j'en suis fort aise,
Hé bien ! dansez maintenant.

Vous riez, mes amis ; eh bien ! cette fable est tout justement la parabole des dix vierges : la fourmi représente les vierges sages, et la cigale, les vierges folles ; comme la fourmi, les sages amassèrent de l'huile pour leur lampe, tandis que les folles en restèrent dépourvues ; comme la cigale, les vierges folles demandèrent de l'huile aux sages, qui la refusèrent de peur d'en manquer pour elles-mêmes. Puis l'époux vint et ferma la porte ; et quand les vierges folles voulurent entrer, il leur dit : Allez, en vérité je ne vous connais point. « Veillez donc, car vous ne savez ni le jour ni l'heure en laquelle le Fils de l'homme viendra. »

Les leçons de Neff étaient tellement suivies,

que les jeunes gens venaient encore y assister, quoiqu'ils eussent été admis à la sainte cène ; d'autres y venaient comme simples auditeurs , avant l'âge où l'on devait les y recevoir.

A certaines heures, il réunissait chez lui quelques jeunes gens intelligens et pieux, pour leur enseigner les premiers élémens des sciences. Trois ou quatre d'entre eux manifestaient le désir et les dispositions nécessaires pour devenir des serviteurs de Christ ; notre ami s'efforçait par tous les moyens possibles de leur aplanir le chemin des études ; enfin , il parvint à les faire arriver à l'académie de Montauban , non sans les avertir de tous les dangers auxquels seraient exposées leurs ames simples et sans expérience. Il eut pour eux la tendresse et la vigilance d'un père ; et nous ne pouvons résister au désir de mettre sous les yeux de nos lecteurs une de ces lettres pleines d'onction et de sollicitude qu'il leur écrivait fréquemment.

« Je n'ai pas besoin de vous dire , mes chers amis, combien je suis réjoui de vos succès. Vous voilà donc en théologie , et dans peu de temps vous pourrez commencer à prêcher en qualité de proposans. Cependant, mes chers amis, dans mes actions de grâce à notre bon Dieu, je crois devoir le supplier de vous préserver de l'orgueil ; je le prie surtout de vous garder au milieu des nombreuses tentations qui vous entourent. Rappelez-vous que la plupart des choses qu'on vous enseignera sont d'une faible utilité dans l'œuvre de Dieu, et qu'il en est même qui sont plus propres à enfler le cœur et à détruire la simplicité de la foi qu'à l'édifier. Il est à désirer que vous puissiez vous occuper de ces choses, comme un chimiste manie des poisons. Malheur à vous si vous y mettez votre cœur ! Votre position est d'autant plus dangereuse, que c'est d'une ignorance absolue que vous êtes immédiatement passés à la lumière de l'Évangile, et que les fausses lueurs dont on frappe vos yeux peuvent avoir pour vous le charme de la nouveauté, tandis qu'au contraire ceux qui n'ont trouvé le repos aux pieds de Jésus qu'après avoir long-temps erré dans ces déserts arides et sans eau, ne peuvent plus être égarés par des guides trompeurs. Épargnez-vous cette triste expérience ; ne tentez pas le Seigneur en vous plongeant avec témérité dans ces sables mouvans, dans cet obscur labyrinthe où son Esprit ne s'engage point à vous suivre et à vous garder. Ne soyez point présomptueux, ne pensez pas qu'on puisse essayer de tout impunément. Il en est de l'esprit comme du cœur : dès qu'il cesse de craindre, il est bien près d'aimer ; dès qu'il cesse de combattre ou de fuir, il est tout près d'être asservi.

» Rappelez-vous ces temps heureux où vous reçûtes l'Évangile en simplicité de cœur ; que

pourriez-vous désirer de plus ? Transportez-vous
dans votre chère patrie, dans les chaumières des
Hautes-Alpes, au milieu de nos frères et de nos
sœurs qui ne savent que Jésus-Christ et Jésus-
Christ crucifié, qui ne lisent que la Bible et quelques ouvrages dictés par l'expérience du cœur.
Que leur manque-t-il, et que pourraient-ils gagner
dans la compagnie des sages et des dissertateurs
de ce siècle, dont peut-être vous enviez le pré-
tendu savoir ? Je ne suis pas ignorantin, vous
le savez, et en fait de sciences positives, bien
qu'il ne faille pas y attacher trop de prix, mon
avis est qu'on n'en saurait trop acquérir. Soyez
donc savans dans les langues ; apprenez les mathématiques, l'histoire, les sciences naturelles
autant que vous le pourrez, et faites servir ces
connaissances au règne de Dieu. Mais en fait de
métaphysique, et surtout de théologie proprement dite, vous avez bien peu à recevoir de vos
semblables ; ce sont des choses que l'œil n'a point
vues, que l'oreille n'a point entendues, et qui ne
sont jamais montées au cœur de l'homme, mais
que l'Éternel a réservées à ceux qu'il aime ; et
comme nul ne sait ce qui est dans l'homme, sinon
son propre esprit, de même nul ne connaît ce
qui est de Dieu, sinon l'Esprit de Dieu. C'est
donc à cet Esprit seul qu'il appartient de nous
les faire connaître ; aussi n'avons-nous pas reçu
l'esprit de ce monde, mais l'Esprit qui vient de

Dieu, afin que nous connaissions les choses qui nous ont été données de Dieu, lesquelles, ajoute l'apôtre, nous annonçons, non avec les discours qu'enseigne la sagesse humaine, mais avec ceux qu'enseigne le Saint-Esprit.

» N'employez donc que le moins de temps possible à ce qui ne rassasie point; n'apprenez, en fait de théologie ainsi nommée et de toute science humaine relative aux choses spirituelles, que tout juste ce qui vous sera nécessaire pour subir vos examens. Ne permettez jamais qu'on vous fasse sortir sur ce sujet du champ des Ecritures, et récusez constamment tout autre témoignage; combattez avec charité et modestie, mais en même temps avec franchise, les principes erronés que l'on pourrait vous proposer.

» Ne formez de liaison avec les étudians que pour votre édification ou pour la leur; que la conscience et le cœur aient toujours part à toutes vos conversations, car l'esprit, quand on l'attaque seul, glisse et s'échappe comme un serpent.

» Rappelez-vous que vous n'êtes pas à Montauban seulement pour vous préparer au ministère; mais en quelque sorte pour l'y exercer déjà. Si vous voulez être vraiment des disciples de Christ, ayez de l'huile dans vos lampes, ayez du sel en vous-mêmes. Tenez-vous près de Jésus, la source de toute lumière. Demeurez attachés au cep, car hors de lui, quoi qu'en pense le monde, vous ne pouvez rien faire. Aimez-vous les uns les autres. Édifiez-vous mutuellement, écartez les questions oiseuses, priez ensemble, et serrez les rangs comme un peloton de fantassins pressé par la cavalerie. Je vous le répète, n'employez pas votre temps à des choses vaines. »

On avait parlé depuis long-temps, à Mens, d'établir une Société biblique, dont le besoin est si vivement senti partout où la foi se ranime ; le plan en était formé, on n'attendait plus que l'autorisation du Gouvernement. Elle fut refusée, et le projet remis à des temps meilleurs ; mais une modeste société de traités religieux n'exige pas autant de frais et de publicité ; et notre ami, qui attendait que l'on en sentit le prix, profita de la circonstance pour en constituer une par compensation. Un comité fut aussitôt organisé, et des souscriptions ouvertes. Les collectrices du bourg firent leur première quête aux environs de Noël ; le résultat surpassa toutes les espérances qu'on avait pu concevoir d'un pays pauvre, au milieu de tant d'indifférens, sans parler d'une majorité papiste. Les moins fortunés donnèrent ; les enfans mêmes, sous la désignation d'anonymes, fournirent une petite somme bien forte pour eux. Donner des livres n'était pas précisément le projet de la Société, mais bien de les vendre ou les prêter, et surtout de former une petite bibliothèque religieuse pour les fidèles du pays.

« La veille de Noël (1822) je tins une assemblée dans un hameau près du bourg; presque tous les paysans des environs s'y rendirent, malgré le froid excessif et la neige. »

Dans le seul village de La Baume, il ne s'était encore manifesté ni réveil, ni opposition; on recevait le ministre avec beaucoup de respect, on l'écoutait avec attention, mais jusque-là sans qu'il parût qu'on l'eût compris; seulement quatre ou cinq personnes le suivaient avec plus d'assiduité. Un dimanche, après avoir prêché sur la naissance du Sauveur avec onction, mais avec une profonde tristesse, tout occupé de l'état de ces pauvres âmes, la tête dans ses mains, il se mit à prier avec de profonds soupirs. Au lieu de se retirer comme à l'ordinaire, chacun des assistans demeura silencieusement à sa place; puis, inquiets après quelques instans, ils lui demandèrent s'il était indisposé. Alors il leur dit : « Je ne suis point malade, mes amis, mais je pense avec chagrin que la plupart d'entre vous ont déjà oublié ce qu'ils viennent d'entendre; cependant il est écrit : « Aujourd'hui si vous entendez la voix de Dieu, n'endurcissez point vos cœurs. — Craignez que quelqu'un d'entre vous, négligeant la promesse d'entrer dans son repos, ne s'en trouve privé. »

Ces paroles firent une grande impression ;
plusieurs fondirent en larmes , et ce fut le commencement du réveil. L'impulsion ainsi donnée,
partout renaissaient les pieuses coutumes de nos
pères ; ce précieux culte domestique , négligé en
tant d'endroits, s'établissait dans les familles.

Neff écrivait le 18 avril 1823. — « Nos frères
du peuple dans le bourg ont formé chez l'un
d'eux, naguère ivrogne et dissipateur, une assemblée du samedi soir ; d'abord peu nombreuse ,
quelques semaines après le local ne suffisait plus.
M. B*** ni moi ne nous sommes point initiés
dans cette réunion , afin que l'on y agisse plus
librement. Tout s'y passe avec ordre et simplicité : l'un y propose un cantique et l'autre une
exhortation; souvent c'est une servante qui lit
quelque portion de l'Écriture sainte; un menui-
sier ou un tisserand présente, en son patois , ses
modestes réflexions, et la séance se termine par
une prière d'abondance. Les nouveaux traités ,
sermons , etc., y sont lus avec avidité. »

Mais jusqu'ici Neff, n'ayant été revêtu d'aucun
titre, ne pouvait être admis et considéré comme
pasteur, quoiqu'il en eût rempli les plus belles et
les plus importantes fonctions. Etranger, sans di-
plôme, il pouvait être inquiété par les ennemis de
l'Évangile, qui ne se manifestent nulle part autant que là où se concentrent aussi la foi et le zèle.

Ces raisons puissantes, ainsi que les sollicitations de tous ses amis et compagnons d'œuvre, le déterminèrent à demander l'ordination. On fit alors les démarches nécessaires auprès d'une congrégation réformée et indépendante, qui consentit à ne pas exiger de lui toutes les formalités accoutumées. Il partit pour l'Angleterre, accompagné des bénédictions de tous les fidèles du pays. En passant à Paris, il fut invité par MM. W *** et M *** à présider une réunion et l'assemblée mensuelle des missions.

« Arrivant à Londres un dimanche matin, » dit-il, « et ne trouvant personne à qui parler français, je me fis conduire à l'Église française, où j'eus le bonheur d'entendre une prédication tout-à-fait évangélique. Après le service, désirant faire connaissance avec le pasteur, j'allai lui dire combien son discours m'avait édifié ; mais je fus bien surpris lorsqu'il m'appela par mon nom, et me parla comme s'il m'eût connu toute sa vie. C'était son ami M. B *** le second pasteur, que j'avais vu plusieurs fois à Lausanne, qui lui avait donné une idée si juste de moi qu'il m'avait reconnu au premier coup-d'œil. »

Quelques jours se passèrent avant qu'il pût réunir les pasteurs qui devaient l'examiner et lui conférer l'ordination. Enfin, toutes les démarches étant terminées, il fut consacré le 19 mai 1823, dans l'église du Poultry, par neuf pasteurs et docteurs en théologie.

Voici les questions auxquelles il eut à répondre avant de recevoir l'ordination :

A quoi reconnaissez-vous l'appel de Dieu ?

Qu'est-ce qui vous a porté à vous vouer au saint ministère ?

Quelles sont les doctrines de l'Évangile que vous regardez comme les principales ?

Nous ne transcrirons point les réponses de Neff tout entières ; elles occuperaient trop de place dans cette notice ; mais nous en ferons remarquer quelques-unes qui composaient, en quelque sorte, sa confession de foi.

« J'ai embrassé la vocation de ministre de l'Évangile, parce que le Souverain Pasteur de nos ames, m'a, dès le commencement, donné l'ardent désir d'annoncer la bonne nouvelle aux pécheurs, et que toutes les fois que j'ai voulu me vouer à quelque autre occupation, j'ai senti ma conscience chargée : une voix me disait : Va et annonce le royaume de Dieu. Parce qu'il a daigné répandre sa bénédiction sur mes travaux, et que déjà plusieurs ames ont été conduites à sa connaissance par la parole qu'il m'a donné d'annoncer en son nom ; qu'il a daigné m'ouvrir plusieurs portes, et que depuis deux ans j'ai été appelé plusieurs fois par des consistoires et des églises ; en sorte que je n'entre point dans sa vigne de moi-même et sans vocation. »

Troisième question. — Quelles sont les doctrines ? etc.

« Je ne prétends point pénétrer le secret de Dieu, ni m'expliquer comment et pourquoi le mal est entré dans le monde ; seulement je sais qu'il existe, qu'il réside dans notre cœur, que nous l'apportons en naissant, et qu'excité par l'exemple du monde et l'influence de Satan, il domine dans nos ames, et nous fait porter des fruits mauvais pour notre condamnation.

» Je crois que, dans cet état, l'homme n'est ni digne ni capable d'avoir aucune part au royaume de Dieu, qu'il ne mérite que la malédiction, selon la justice du Très-Haut.

» Je crois que, sans exception, tous les hommes sont privés de la gloire de Dieu, selon ce qui est écrit (Romains III.) Je crois qu'il n'existe en nous-mêmes, ni dans toute la création, aucun moyen de nous sortir de cet état de perdition ; mais que Dieu nous a aimés quand nous étions ses ennemis, et qu'il a envoyé dans le monde, en forme de chair de péché, la Parole éternelle par laquelle il a fait les siècles, que cette Parole a habité parmi nous, sous le nom de Jésus qui signifie Sauveur. Je crois que ce Sauveur : 1° A obéi pour nous à tous les commandemens de la loi, nous acquérant ainsi la justice qui nous manquait ; 2° Qu'il a souffert dans son corps et dans son ame, jusqu'à la mort en croix, toute la malédiction qui pesait sur nous : que par ce sacrifice, le Père est appaisé envers nous, et nous

tient pour justes en son Fils bien-aimé. Je crois
que les disciples de Christ sont faits par la foi
une même plante avec lui, qu'ils sont considérés
de Dieu comme étant chair de sa chair, os de
ses os, qu'ils sont de vrais membres de son corps
dont il est la tête; qu'ainsi ils peuvent dire qu'ils
ont été condamnés, maudits et punis en Christ,
justifiés et glorifiés en Christ, qu'ils sont re-
présentés et assis avec lui dans les Cieux !

» Je crois que la vraie foi par laquelle seule
nous avons part à cette grâce, consiste : 1° A être
profondément convaincus et vraiment touchés de
notre état de corruption et de la justice de notre
condamnation éternelle ; 2° A mettre toute notre
confiance dans les souffrances et la justice de
Jésus-Christ , espérant tout par lui et rien sans
lui. Il n'y a point de foi sans cette connaissance de
nos péchés et de l'entière nullité de nos mérites.

» Je crois que nous ne sommes point sauvés ,
parce que nous aimons Dieu, mais afin que nous
l'aimions ; et que si nous sommes sauvés par la
foi sans les œuvres de la loi, nous sommes aussi
créés par Jésus-Christ pour accomplir les bonnes
œuvres que Dieu nous a préparées.

» Je crois encore que, pour répondre à ce but
du Seigneur, il est absolument nécessaire qu'il
écrive lui-même sa loi dans notre esprit , qu'il
change nos cœurs et nous fasse devenir de nouvelles créatures.

» Je crois que ce changement est le résultat d'une foi véritable. Je crois qu'à partir de cette nouvelle naissance, nous sommes appelés à nourrir ce nouvel homme par la Parole de Dieu, la prière et tous les moyens d'édification à notre portée; et que nous devons veiller sur nous-mêmes, usant fidèlement de tous les secours et de toutes les grâces de Dieu, de peur d'être séparés de Christ, et rejetés comme le sarment qui ne porte pas de fruit.

» D'après ces points principaux, seuls essentiels de la doctrine évangélique, je crois que nous devons, en instruisant les hommes : 1° Chercher à les convaincre de péché par tous les moyens scripturaires et de raisonnement; 2° Les conduire à Jésus, « l'Agneau de Dieu qui ôte les péchés du monde; qui ne rejette aucun de ceux qui vont à lui; » 3° Les engager tous à lire et à méditer la Parole de Dieu, et surtout prier pour ceux qui ne connaissent pas la vérité, afin que le Seigneur éclaire leur esprit, leur fasse sentir leurs péchés, et leur donne le pardon et la paix en Jésus; prier aussi pour ceux qui le connaissent, afin que Dieu les garde de tout péché et les conduise à la perfection dans la charité et l'humilité.

» Je crois aussi que nous devons annoncer Christ et Christ crucifié, sans entrer dans des discussions peu édifiantes sur les points de doc-

trine contestés entre les Chrétiens : laissant à
Dieu les choses cachées, et nous attachant avec
simplicité aux choses directement salutaires pour
nos ames, propres à nous rapprocher de Dieu et
à nous unir à nos frères par le lien de la charité.

» Au reste, je crois que le devoir d'un bon dis-
pensateur est de donner à chacun la nourriture
qui lui convient : aux enfans en Christ, du lait ;
aux hommes faits, de la viande solide ; instruisant, exhortant, menaçant ou consolant, selon
l'état de chacune de ses brebis.

» Enfin, je me conforme, tant pour les arti-
cles de foi que pour la morale évangélique, aux
confessions de foi des Eglises réformées de la
France et de la Suisse, dans lesquelles je suis
né, et auxquelles je désire consacrer mon ministère. »

Depuis quelque temps, on intriguait auprès
du ministère contre les évangélistes non français :
on les représentait comme chargés de missions
politiques de la part des Anglais, et prêchant
des doctrines nouvelles. Cette calomnie ne fut
pas sans influence, et des réglemens vinrent opposer de nouvelles barrières à la prédication de
l'Evangile : il ne fut plus permis d'être pasteur
sans être Français et consacré par une faculté
française. Le séjour que Neff avait fait à Londres
était une bonne fortune pour les calomniateurs ;
aussi ne manquèrent-ils point de le représenter

sous les plus fausses couleurs, et de le dénoncer comme un agent des ennemis de la nation. Accompagné des pasteurs ses amis , il se rendit aussitôt chez le préfet de l'Isère , qui le reçut fort bien, le questionna sur les motifs qui lui avaient fait chercher l'ordination hors de France , et l'assura qu'il était convaincu de la pureté de ses intentions. On avait aussi prévenu l'autorité contre les mouvemens religieux de Mens ; et malgré la détermination du Consistoire, de faire tenir les assemblées du soir dans le temple , et les lettres de M. le pasteur.— au préfet pour rectifier tout ce qui lui avait été dit, notre ami fut invité à ne plus présider ces réunions de la veillée, et à se répandre moins qu'il ne le faisait. Alors , gêné dans ses devoirs les plus chers comme les plus importans , Neff résolut de quitter cette paroisse , d'ailleurs si bénie , pour en chercher une autre où il pût déployer toute l'activité dont il était doué.

Pour clore le récit de son séjour à Mens , nous pensons ne pouvoir mieux faire que de placer ici quelques mots du beau témoignage que M. le pasteur Blanc a bien voulu nous adresser sur le caractère et les travaux de notre ami , dont il partagea souvent les fatigues.

EXTRAIT D'UNE LETTRE DE M. LE PASTEUR BLANC.

« *Mens* , 1ᵉʳ *décembre* 1829. — Environ cinq
mois après l'arrivée de M. Neff à Mens, plus
de cent personnes, la plupart chefs de famille,
craignant qu'il ne fût plus appelé à remplir ses
fonctions de pasteur suffragant (le pasteur était
de retour,) s'adressèrent au Consistoire pour le
supplier de bien vouloir le retenir sous le nom de
pasteur catéchiste, s'offrant de le payer de leurs
deniers. Le Consistoire, faisant droit aux désirs
des pétitionnaires, nomma M. Félix Neff pour
son pasteur catéchiste, le 1ᵉʳ juin 1822. — Partout, dans Mens et les environs, le nom de notre
ami n'était prononcé qu'avec respect, et peu s'en
fallut qu'on ne le considérât comme un saint
exempt de péché; ce qui l'affligeait profondément, parce qu'il voyait qu'on s'attachait à sa
personne, et qu'on n'allait pas à Jésus-Christ, qui
seul peut pardonner les péchés. Il me dit un
jour, avec un grand chagrin : « On m'aime trop;
on me reçoit avec trop de plaisir ; on me donne
trop d'éloges ; assurément on ne me comprend
pas. »

» Comme on l'accusait d'enseigner une doctrine nouvelle, il insistait fortement, dans ses
sermons et ses entretiens , pour qu'on lût soi-
même les passages qu'il citait de la sainte Bible.

Il porta quelquefois en chaire nos vieux livres
liturgiques, notre confession de foi, la discipline
ecclésiastique, et un ancien catéchisme des Vaudois, pour prouver que les principes qu'il énon-
çait étaient les mêmes que ceux contenus dans
les livres symboliques des anciens protestans. Il
lut aussi des sermons du pasteur Bérenger, les-
quels avaient été prêchés dans le pays il y avait
environ soixante années.

» Doué de très-grands talens naturels, ayant
une élocution facile, une ame brûlante de l'amour
du Sauveur, il prêchait plusieurs fois dans un
jour, sans jamais répéter les mêmes discours;
c'était, au contraire, par des idées neuves, des
peintures vives, des comparaisons frappantes,
qu'il commandait l'attention de son auditoire. Il
rendait la Parole de Dieu si claire, qu'on était
étonné de ne pas l'avoir comprise plus tôt. Il
n'avait étudié, disait-il, que dans trois livres : La
Bible, son cœur, et la nature. Dans le premier
(qui, par la grâce de Dieu, lui avait appris à
étudier les deux autres), il avait connu les per-
fections et les desseins d'un Dieu saint, juste et
bon; dans le second, il avait senti tout le poids
du péché, les ruses de Satan, le malheur et les
besoins de sa nature déchue; dans le troisième,
il puisait toutes ses comparaisons. Sa vivacité
naturelle lui faisait quelquefois commettre des
imprudences, mais il les reconnaissait aussitôt,

et en gémissait. C'était toujours avec reconnaissance qu'il recevait les observations qu'on lui faisait sur son caractère personnel; mais, se tenant
en garde contre toute prudence humaine, il
n'écoutait pas les conseils qu'on lui donnait sur
ses longues courses, ses pénibles fatigues d'esprit,
et sur les soins qu'il devait à sa santé. Il répondait qu'il ne pouvait se croiser les bras et se livrer
au repos quand il voyait tant d'ouvrage et si peu
d'ouvriers. Serviteur actif et fidèle de son Divin
Maître, il se dévouait sans réserve à son service.
Tous ses instans étaient remplis. En hiver, il
allait quelquefois, par des temps affreux, ayant
de la neige jusqu'aux genoux, visiter ses paroissiens. Si ceux à qui il voulait faire connaître
l'Évangile ne savaient pas lire, il entreprenait
aussitôt la pénible tâche de leur apprendre à lire,
et c'était avec une douceur et une patience ad-
mirables qu'il leur montrait les lettres et leur
faisait épeler les syllabes. Il avait un talent particulier pour l'instruction des catéchumènes. Ses
visites aux malades étaient très-fréquentes. Il leur
prodiguait les soins les plus affectueux; il écoutait patiemment le long récit de leurs malaises; il
les aidait par ses connaissances en botanique à
préparer les remèdes ordonnés par le médecin;
il allait même quelquefois chercher les plantes
ou arracher les racines indiquées.

» Sachant que le cœur de l'homme est orgueilleux, plein de bonne opinion de lui-même , et très-facile à s'irriter , ce n'était jamais qu'avec la plus grande prudence et les plus sages ménage-mens qu'il abordait quelqu'un pour lui parler de l'Évangile; il savait , avec beaucoup de tact , saisir les moindres occasions. C'était en racon-tant l'histoire de quelque personne pieuse, ou de sa propre conversion , qu'il faisait sentir la néces-sité de naître de nouveau. Mais cette prudence, ces sages ménagemens ne l'empêchaient pas de parler avec force à ceux qui ne marchaient pas droit devant Dieu. « Quand on ne croit pas que toute la Bible est divinement inspirée , » dit-il un jour à un ecclésiastique avec lequel il avait discuté long-temps; « quand on ne croit pas que l'homme est , par sa corruption naturelle, soumis à la condamnation, qu'il a besoin d'un Sauveur ; quand on ne regarde pas Jésus-Christ comme Dieu , béni éternellement , on ne lui adresse pas des prières , on ne célèbre pas des fêtes à son honneur, on ne baptise pas des enfans en son nom, on ne se dit pas son ministre : on prend le froc, et on le jette aux orties ! » Je lui écrivis un jour pour lui confier les peines qui déchiraient mon cœur, à l'occasion de tracasseries qui m'étaient suscitées. « Vous ignorez encore, » me répon-dit-il, « que les épingles piquent , que les cou-teaux coupent, que le feu brûle, et que les dis-ciples de Jésus seront haïs du monde. Vous voudriez, par votre excessive prudence humaine, passer à travers les gouttes de pluie sans vous mouiller. Je crains que vous ne vous soyez témérairement engagé au service de l'Évangile, et que vous n'ayez pas imité celui qui, voulant bâtir une tour, calcule d'avance ce qu'elle lui coûtera. Regardez à Jésus ! — ne soyez pas un homme de petite foi ! Quand un déluge de maux vous couvrirait, le Seigneur pourrait vous en délivrer ! » — Il ajoutait les plus tendres témoignages d'affection fraternelle pour relever mon courage abattu.

» Pendant à peu près deux ans qu'il est demeuré dans nos Églises, il y a fait le plus grand bien. Le zèle pour la religion s'est ranimé ; un grand nombre de personnes se sont occupées sérieusement de leurs ames immortelles ; la Parole de Dieu a été plus recherchée et plus soigneusement lue ; les catéchumènes sont devenus plus instruits dans leurs devoirs de Chrétiens, et l'ont montré dans leur conduite ; un culte de famille s'est établi dans beaucoup de maisons ; l'amour du luxe et de la vanité a diminué chez un grand nombre ; les aumônes ont été plus abondantes, et les pauvres moins nombreux; des écoles se sont établies en divers lieux; et, soit dans Mens, soit dans nos campagnes, tout le monde a pu remarquer dans nos Protestans une amélioration sensible dans les mœurs et dans l'amour du travail. Enfin, les travaux multipliés de Neff, son infatigable activité, ses courses, ses instructions, laisseront pour long-temps, dans les Églises de Mens, un souvenir béni du séjour qu'il y a fait.

Pendant que Neff était exposé, à Mens, à toutes sortes de tracasseries, on lui offrait, de différens côtés, des places de pasteur ou de suffragant, entre autres celle dans les Hautes-Alpes, qui était vacante. Déjà souvent ses pensées s'étaient dirigées vers cet ancien peuple de protestans ; sa grande activité le portait à désirer un champ de travaux aussi étendu et aussi varié que celui de ces montagnes. Il entrevoyait tout ce qu'un ministre pourrait entreprendre, dans cette contrée, pour l'instruction et pour l'amélioration des mœurs ; aussi les considérations du sacrifice de toutes les commodités de la vie, et des efforts continuels qu'il faudrait faire pour vaincre l'ignorance et surtout les habitudes de ces montagnards, ne l'empêchèrent pas d'accepter ce poste pénible.

« *Guillestre*, 31 *octobre* 1823. — Je n'ai pu voir qu'en passant les Églises du Quéras et de Fressinière ; cependant elles m'ont paru intéressantes. Elles sont divisées en cinq groupes et séparées par de grandes distances. Ces distances sont moindres en été, parce qu'on traverse les montagnes ; mais en hiver, il faut suivre les vallées, ce qui allonge singulièrement.

3

« Le Briançonnais est froid, surtout le Quéras ;
cependant il y a d'agréables positions ; la Chalp,
en particulier, où doit résider le pasteur, est
tournée au midi, dans le fond assez vaste d'une
des hautes vallées. »

Neff, muni de lettres de recommandation de
M. le professeur Bonnard et de quelques autres
personnes, se rendit à Orpière, chez le président du consistoire, afin de se faire adresser
vocation.

« Je prêchai, dit-il, le dimanche à Dourmillouse, et le lundi, de grand matin, je partis pour
passer le Col-d'Orsière, qui sépare Fressinière
du Champsor, vallée où coule le Drac. Je pris
deux guides pour traverser cette montagne, une
des plus hautes de la France, rarement prati-
cable dans cette saison. Après avoir quitté le
village, nous marchâmes pendant trois heures
dans les neiges, anciennes et nouvelles, au pied
des glaciers, et toujours en montant jusqu'au Col.
Le temps était beau et le froid supportable, malgré la grande élévation. Dans quelques endroits
la neige était solide ; dans d'autres, nous en-
foncions jusqu'au-dessus du genou. Les paysans
avaient enveloppé mes souliers de laine, et nous
avaient munis de provisions, surtout de vin, pour
le voyage. Depuis la chute des neiges, en sep-
tembre, deux hommes seulement avaient franchi
ce passage : leurs traces se voyaient encore croi-

sées çà et là par les pas des loups, des chamois et de quelques preneurs de marmottes.

« Depuis le Col nous eûmes encore pour deux heures de marche, par une descente rapide, jusqu'au bas des neiges, où se trouve le premier village du Val-d'Orsière, près des sources du Drac. Là je quittai mes guides, et m'acheminai vers Mens. »

« *Janvier* 1824. — « Après avoir prêché deux fois dimanche au Violin, nous nous rendîmes dans une maison, et j'expliquai un chapitre ; puis à dix heures chacun se retira. Les plus éloignés de leurs demeures s'étaient pourvus de brandons pour se guider dans les neiges. Le lendemain, je repartis pour Dourmillouse, le dernier et le plus élevé des villages de la vallée. Ses habitans, descendus sans mélange des anciens Vaudois, l'ont rendu célèbre par la résistance qu'ils ont opposée, depuis plus de six cents ans, aux efforts de l'Eglise romaine. Jamais ils ne fléchirent le genou devant l'idole, même dans le temps où tous les protestans du Quéras dissimulaient leur croyance. On voit encore les ruines des murs et des forts qu'ils avaient élevés pour se préserver des surprises de leurs ennemis. La position presque inaccessible de leur pays, entouré de glaciers et de rochers arides, est une des principales causes de leur conservation. Quarante familles environ composent toute la popu-

lation, Protestante comme celle de Violin et de
Minsas.

» L'aspect affreux et sublime de ce désert, qui
servit de retraite à la vérité pendant que presque
tout le monde gisait dans les ténèbres ; le souvenir de tant de martyrs qui l'arrosèrent de leur
sang ; les profondes cavernes où ils allaient, en
secret, lire les saintes Écritures, adorer l'Éternel
en esprit et en vérité, tout élève l'ame et inspire
des sentimens difficiles à exprimer. Mais avec
quelle tristesse l'œil retombe sur l'état actuel de
ces antiques témoins du Crucifié ! Dégénérés au
moral comme au physique, leur aspect rappelle
au Chrétien que le péché et la mort sont les
seules choses vraiment héréditaires parmi les
enfans d'Adam ! Depuis long-temps on ne trouve
plus chez eux la connaissance du Sauveur ; cependant la plupart ont encore du respect pour
les saintes Écritures. J'espère que le Seigneur
fera luire de nouveau les rayons de sa grâce sur
ces lieux qu'il choisit autrefois pour son sanctuaire. Depuis mon arrivée, on s'y occupe davan-
tage des choses spirituelles ; plusieurs ont senti
leur état de dégradation , et bénissent Dieu de
m'avoir envoyé « pour attiser le feu mourant de
leur piété. » Il y a quelques mois que M. Henri
Laget les visita. Ils ne comprirent pas sa doctrine,
mais ils se réjouirent au feu qui l'animait ; et
quand, à sa dernière visite, il leur déclara qu'ils

ne verraient plus son visage, ces paroles les gla-
cèrent : il leur sembla, disent-ils, comme lorsqu'un coup de vent éteint le flambeau dont on
s'éclaire la nuit au milieu des précipices.

» De tant de pasteurs qui ont visité cette
vallée ces dernières années, aucun n'a reçu les
jeunes gens à la sainte cène; aussi en ai-je, par
cette négligence, un nombre décuple à instruire
de ce qu'il y en aurait sans cela. J'ai fait inscrire presque tous les jeunes gens de quinze à
trente ans : il s'en trouve cent-deux pour le catéchisme.

» En été, le sentier étroit qui conduit au
temple est arrosé par de jolies cascades; aussi
pendant l'hiver est-il souvent comblé de glaces
qui tapissent les rochers. Un dimanche matin,
je pris quelques jeunes hommes avec moi, et
nous allâmes ouvrir, à coups de hache, des de-
grés dans la glace, aux passages les plus dange-
reux, afin que nos amis des villages inférieurs
pussent monter sans accident. L'assemblée du
matin fut nombreuse : l'après-midi je fis le catéchisme dans une étable; plusieurs personnes de
la basse vallée restèrent pour la veillée, qui fut
encore employée d'une manière édifiante. Je
continuai pendant quelques jours à faire le catéchisme, puis je descendis aux Minsas, accompagné d'une douzaine d'entre les plus âgés de
mes catéchumènes. »

En quittant le Champsor (avril 1824), il se rendit à Fressinière, où l'on bâtissait un temple déjà commencé l'année précédente. « J'arrivai fort à propos, » dit-il, « car personne ne savait comment les bancs, la chaire, etc., devaient être placés. Pendant mon séjour, les catéchumènes redoublèrent de zèle pour apprendre les passages que je leur avais indiqués, et malgré le peu de mémoire de la plupart d'entre eux, ils savaient presque tous assez bien; plusieurs passaient la moitié des nuits à étudier. Je faisais le catéchisme le soir, parce que le jour les garçons travaillaient aux carrières d'ardoise, et les filles gardaient les brebis dans les rochers où la neige était déjà fondue. Nous commencions tard ; souvent il était onze heures avant que l'on pût se retirer : alors ceux qui demeuraient loin s'en retournaient en s'éclairant avec des brandons de paille. »

Pendant ces instructions, les travaux du temple s'achevaient. « Ce n'est pas une petite fête, » dit Neff, « que la dédicace d'une maison de Dieu dans ces contrées. On comprend qu'après avoir vu leur culte proscrit ; après s'être long-temps assemblés, au péril de leur vie, dans les bois et les cavernes, les Protestans éprouvent de la joie et de la reconnaissance pour Dieu et le Souverain qui les protége. »

L'affluence fut grande à Fressinière; on y vint

de toutes les communes voisines, tant catholiques que protestantes ; on y vint même des vallées du Piémont : en sorte que les auditeurs ne purent pas tous entrer ; et le berceau de feuillage qui ombrageait la face du temple servit à les garantir de l'ardeur du soleil.

« *Janvier à mars* 1825. — J'ai dit que l'œuvre d'un Évangéliste dans les Alpes ressemble beaucoup à celle d'un missionnaire chez les sauvages ; car le peu de civilisation qu'il y trouve est plutôt pour lui un obstacle qu'un secours. De toutes les vallées que je visite, celle de Fressinière est la plus arriérée sous ce rapport : il y faut tout créer, instruction, bâtisse, agriculture. Beaucoup de maisons n'ont point de cheminées et presque pas de fenêtres ; la cuisine, fort étroite, n'est qu'un cloaque obscur. Toute la famille, pendant les sept mois d'hiver, croupit dans le fumier d'une étable, qu'on ne nettoie qu'une fois par an. La nourriture et les habits sont aussi grossiers et aussi malpropres que le logement : on ne cuit du pain qu'une fois l'année ; il est de seigle pur, grossièrement moulu et non tamisé. Ce pain manque-t-il sur la fin de l'été, on cuit des gâteaux sous la cendre, comme chez les Orientaux. Si quelqu'un tombe malade, on n'appelle point de médecin ; on ne sait faire ni bouillon, ni tisane. Je leur ai vu donner, dans l'ardeur de la fièvre, du vin et de l'eau-de-vie ! Heureux si le souffrant obtient une cruche d'eau près de son grabat! Les femmes y sont traitées avec dureté, comme chez tous les peuples encore barbares ; elles ne s'asseyent presque jamais, elles s'agenouillent ou s'accroupissent à la place où elles se trouvent; elles ne se mettent point à table et ne mangent point avec les hommes ; ceux-ci leur donnent par-dessus l'épaule, sans se retourner, quelques morceaux de pain et de pitance, qu'elles reçoivent en baisant la main et faisant la révérence.

» Dans la partie de la vallée, dit La Combe, l'horizon est si borné, qu'on n'y voit pas le soleil pendant six mois. Les habitans de ce hameau étaient si sauvages à mon arrivée, qu'à la vue d'un étranger, fût-ce un paysan, ils se cachaient dans leurs chaumières ; les jeunes gens surtout étaient inabordables. Avec tout cela, ce peuple participait à la corruption générale, autant que ses moyens le lui permettaient : le jeu, la danse, les juremens les plus grossiers, les procès, les querelles, s'y rencontraient comme partout ailleurs. Mais son état misérable doit inspirer d'autant plus d'intérêt, qu'il résulte en partie de la fidélité de ses pères, que la persécution refoula dans cette affreuse gorge, où pas une maison n'est à l'abri des éboulemens de neige et de rochers.

» Dès mon arrivée, je pris cette vallée en

affection; je ressentis un désir ardent d'être pour ce pauvre peuple un nouvel Oberlin. Malheureusement je ne puis lui donner que tout au plus une semaine chaque mois, et vu la longueur de la vallée et le nombre des villages, il faudrait y demeurer constamment. Cependant le Seigneur a daigné bénir le peu de soins que j'ai pu leur donner. Les maîtres d'école que je trouvai à Fressinière seraient à peine des écoliers dans tout autre pays; on leur donnait, au nom de tous, un louis pour cinq ou six mois; car il n'est pas question d'école dans l'été.

» Je fus obligé de laisser les choses dans cet état pendant le premier hiver, et j'y suppléai de mon mieux en donnant des leçons à tous ceux qui voulurent en recevoir, tant grands que petits. J'essayai quelques principes de chant sacré ; cela servait à les attirer aux réunions, mais ils n'y firent que peu de progrès. Je leur proposai de faire venir des maîtres du Quéras, où il y a plus d'instruction ; ce qu'ils acceptèrent. Ils consentirent aussi à augmenter le salaire qu'ils accordaient ordinairement ; et dès le mois de novembre, j'amenai un régent à Dourmillouse, et un à La Combe. Je leur avais donné quelques leçons de français et de chant ; j'espérai qu'en échange de leurs connaissances humaines, ils rapporteraient chez eux la précieuse connaissance du salut. Ce fut dans le même but qu'un troisième fut envoyé chez les frères du Trièvre; et le Seigneur exauça mes vœux : au printemps, ces trois jeunes hommes retournèrent dans leurs familles, pleins du désir d'annoncer la bonne nouvelle à leurs compatriotes. »

C'était quelque chose que d'avoir un régent; mais il fallait encore un local, surtout à Dourmillouse, où les élèves se trouvaient en plus grand nombre. Neff proposa de construire une salle d'école dans un bâtiment commun, espèce de grange; et son projet étant adopté, il mit lui-même la main à l'œuvre avec les plus adroits d'entre les paysans. Chaque maison fournit un homme, et un âne pour porter les matériaux ; car dans ces contrées, on n'a jamais vu de voiture, et il serait impossible de s'en servir. Dans une semaine, la chambre fut maçonnée et plafonnée.

La distance des différentes églises desservies par notre ami ne lui permettait de les visiter que rarement. Pour remédier à cet inconvénient, il désira qu'elles fussent pourvues de bons sermons pour les assemblées du dimanche. Ceux de Nardin furent préférés; il en fit venir de Paris d'abord sept exemplaires, au risque de n'en pas trouver le débit, à cause de l'élévation du prix : quinze francs sont dans ce pays une somme considérable.

« D'abord, » dit-il, « on les reçut assez froidement; mais quand j'en lus moi-même quelques-uns, tout le monde en désira. Le manque d'argent étant le seul obstacle, je leur proposai de s'associer quatre familles pour un exemplaire de quatre volumes , et leur offris d'attendre le paiement. De cette manière, mes livres furent bientôt placés, et je dus en faire une nouvelle demande, puis une troisième. A La Combe on en prit de suite deux exemplaires; une famille voulait en avoir deux volumes, mais manquant d'argent comme les autres , quoique les plus riches du hameau, le père l'observa. « Quoi, » dit l'un des fils, « ne voulions-nous pas acheter un porc ? » « Eh bien, nous nous en passerons , ce livre nous sera plus utile. » « Et puis, » dit une jeune fille, « nous pouvons engraisser un bouc, cela fera tout de même ; prenez les Sermons, papa. » « Oui, oui, » s'écrièrent-ils tous à la fois, « les Sermons ; nous ferons la soupe tout de même. » « Soit, » dit le père; « puisque vous le voulez, je le veux bien aussi. »

» A Dourmillouse , je fus témoin de scènes semblables : un jeune homme, jusque-là assez peu estimable, dit en achetant deux volumes : « J'irai travailler aux carrières, et je gagnerai de quoi prendre le reste. » D'autres disaient : « Nous irons ce printemps en Provence aider aux bergers à monter leurs troupeaux : nous gagnerons vingt - quatre francs : notre passe-port et notre

voyage payés, il nous restera bien pour un exemplaire de Sermons, » etc.

» Il est d'autant plus touchant de voir ainsi
ces pauvres montagnards consacrer joyeusement
leurs deniers à de telles acquisitions, qu'ici le
cuivre vaut de l'or, et bien des familles mangent
leur soupe sans sel et quelquefois sans pain. »

Le zèle qu'apportaient ces pauvres montagnards à la construction d'une salle d'école, leur
empressement à se procurer les Sermons de Nardin, et leur assiduité aux services public et
particulier, étaient certainement de bonnes dispositions. Nous ajouterons que l'amélioration de
leurs mœurs était remarquée par leurs voisins.
Cependant tout cela n'était pas la vie : les os
s'étaient rapprochés à la voix de l'homme ; ils
s'étaient recouverts de chair ; mais l'esprit n'y
était point. Ce ne fut qu'en avril 1825, que
Neff vit un réveil véritable se manifester dans
plusieurs endroits, entre autres dans le pauvre
hameau des Minsas, où deux frères tenaient de
petites réunions. Mais à Dourmillouse, où l'air
est pur et dont les habitans sont plus dispos de
corps et d'esprit, il ne voyait encore rien de semblable ; leurs catéchumènes restaient aussi froids
qu'ils étaient instruits.

« Affligé de l'état de cette jeunesse, un soir,
après le catéchisme, la plupart des adultes étant
présens, j'essayai de leur faire sentir combien

ils étaient peu préparés à prendre la cène aux
Pâques qui s'approchaient. Donnant un libre
cours à l'amertume dont j'étais rempli, je leur
reprochai, dans les termes les plus forts, leur
endurcissement et leur légèreté, leur exprimant
combien j'étais navré de voir que toutes mes
peines n'aboutissaient qu'à augmenter leur condamnation. Je ne sais plus tout ce que je leur
dis, mais après la prière on resta long-temps
prosterné. J'allai m'asseoir au coin du feu,
n'ayant rien à ajouter ; le plus grand silence régnait dans l'étable ; personne ne bougea pendant un
quart-d'heure, puis chacun se retira sans rien dire.
Quelques jeunes gens vinrent vers moi à la cuisine ; pour la première fois ils paraissaient touchés. »

En redescendant la vallée, il tint des réunions
dans tous les villages, et il remarqua beaucoup de
mouvement dans les esprits. Puis , ayant visité
le Quéras, il revint à Fressinière.

« La première personne que je rencontrai , »
dit-il, « fut notre ami B*** qui travaillait près
du chemin ; il s'approcha de moi d'un air riant ,
et me tendant la main : Soyez le bienvenu, vous
êtes ardemment désiré ; je crois que pour cette
fois le Seigneur a beaucoup agi. Depuis votre
départ, j'ai été tous les dimanches à La Combe ;
après le service , on m'entoure pour me demander des conseils, entendre quelques paroles ; mais
hélas ! j'ai peu de choses à leur donner. »

En effet, dès le premier hameau, Neff trouva les gens vivement touchés, et plus il avançait, plus la scène devenait intéressante; tous les villages lui paraissaient changés. Il était reçu avec de vives démonstrations de joie, quoiqu'il ne fût absent que depuis une vingtaine de jours; mais à cette joie succédaient bientôt les larmes : on ne répondait le plus souvent à ses questions que par des soupirs. « Il fallait, » dit-il, « que je m'arrêtasse partout : je mis presque trois jours pour venir à Dourmillouse. Comme j'y montai, je vis, du bas de la vallée, une troupe de gens qui descendaient, me croyant encore à La Combe : je leur fis signe de rétrograder; mais ils continuèrent à descendre, disant qu'ils ne faisaient pas chemin avec moi toutes les fois qu'ils le voudraient. »

Le même soir, après le service, l'examen des catéchumènes eut lieu, et il put s'assurer qu'en effet le Seigneur avait agi, car tous manifestaient la connaissance de leur misère. L'Éternel a dit par la bouche d'Esaïe : « Je ferai surgir des fleuves dans les lieux hauts, élevés, et je répandrai des sources d'eau sur la terre sèche. Le désert et le lieu aride fleuriront comme la rose; » et ces belles prophéties semblaient se réaliser dans cette vallée sauvage, qui avait été privée pendant tant d'années des soins d'un pasteur.

Après l'examen des catéchumènes, il y eut

une assemblée publique nombreuse, et les jeunes
hommes restèrent encore long-temps auprès de
Neff. Dans une maison voisine se faisaient entendre
des pleurs comme pour la perte d'un parent
bien-aimé; c'étaient les jeunes filles, qui pleuraient leur trop longue indifférence envers l'Évangile. On n'essaierait point de peindre ces scènes
attendrissantes et leurs paroles plaintives et en-
trecoupées, car les expressions et la prosodie de
leur patois ont une ame dont le français n'est pas
susceptible.

Neff ajoute : « Ainsi se passa cette nuit que
l'Agneau sans tache a sanctifiée par son agonie.
Si le Saint et le Juste a failli succomber sous
la colère, s'il a été enlevé par la force de l'angoisse et de la condamnation, comment pourraient ne pas trembler les vrais coupables,
lorsqu'ils viennent à sentir le poids de leurs
péchés ? »

Le lendemain, de bonne heure, il descendit à
La Combe pour l'examen des catéchumènes.

« A dix heures, j'allai au temple neuf, où
toute la vallée était réunie. Les catéchumènes,
au nombre de cent, occupaient les bancs vis-à-vis
la chaire; je leur adressai la parole sur Pierre II,
2 : « Comme des enfans nouvellement nés, » etc.
Le Seigneur m'assistait puissamment; et quoique
je n'eusse pu me préparer, l'assemblée fondait
en larmes. Beaucoup de jeunes gens, surtout

les filles, étaient à genou au pied de leurs bancs, lorsqu'il fallut réciter le vœu du baptême, et pas un ne put aller jusqu'au bout; les sanglots étouffaient leurs voix, je fus obligé de réciter moi-même pour eux : puis, élevant mes mains pendant que tous étaient prosternés, j'invoquai la bénédiction du Père, du Fils, et du Saint-Esprit. »

A deux heures, Neff fit le service de la passion, suivant le rite des frères Moraves, c'est-à-dire en lisant l'histoire des quatre Evangiles, s'interrompant par quelques beaux chants de leur psalmodie. « L'émotion, » dit-il, « fut peut-être encore plus grande que le matin ; peu de gens pouvaient chanter.

» Sur le soir, les habitans des hameaux éloignés se retirèrent en soupirant. Je les accompagnai, les exhortant à s'approcher de Jésus avec confiance ; puis je tins encore aux Minsas une assemblée qui dura jusqu'à minuit.

» Samedi matin, la maison se remplit de nouveau, et j'eus peine à en sortir pour venir au chef-lieu.

» Dimanche, jour de Pâque, communion au temple neuf. L'assemblée était aussi nombreuse qu'à la dédicace. J'expliquai le iv aux Romains, puis je distribuai la communion à un grand nombre de personnes qui venaient à la table sacrée les yeux mouillés de larmes. Les vieillards dirent que jamais ils n'avaient vu la moitié autant de communians dans leurs églises.

» Il vint l'après-midi presque autant de monde que le matin, et le soir l'assemblée, aussi nombreuse qu'elle pouvait l'être, se prolongea, comme la veille, fort avant dans la nuit.

» Le lundi étant encore fête, je tins, à Dourmillouse, trois assemblées publiques, où l'on se rendit de toute la vallée.

» Cette semaine fut vraiment sainte pour cette vallée; on ne l'y avait jamais célébrée, mais pour cette fois on ne faisait partout que lire, prier et pleurer; la jeunesse surtout paraissait animée d'un même esprit; une flamme vivifiante semblait se communiquer de l'un à l'autre comme l'étincelle électrique.

» Pendant ces huit jours, je n'ai pas eu trente heures de repos. On ne connaissait ni jour ni nuit : avant, après et entre les services publics, on voyait tous les jeunes gens réunis en divers groupes, auprès des blocs de granit dont le pays est couvert, s'édifiant les uns les autres. Ici on lisait, « le Miel du Rocher, » là, « le Voyage du Chrétien ; » plus loin, S. B *** entourée de jeunes filles leur parlait de l'amour du Sauveur, tandis que le sévère B *** représentait aux hommes toute l'horreur du péché et la nécessité de la repentance. Dans ces petites réunions, les larmes coulaient comme au temple ; le même re-

cueillement y était observé. Frappé, étonné de
ce réveil subit, j'avais peine à me reconnaître;
les rochers, les glaciers même, tout me semblait
animé, et m'offrait un aspect riant. Ce pays sauvage me devenait agréable et cher, dès qu'il était
habité par des frères. Je n'oublie pas toutefois,
qu'il y a plus de fleurs au printemps que de
fruits en automne; et qu'au moment d'un réveil
religieux, bien des ames, entraînées par un
mouvement général, paraissent y avoir part,
comme une pierre au milieu d'un brasier serait
prise pour un charbon ardent. Mais, quoi qu'il en
soit, c'est une œuvre de l'Eternel : à lui soient la
louange et la gloire, par Jésus-Christ, aux siècles
des siècles ! »

Toujours actif et fidèle, Neff profita du réveil
de cette contrée pour instituer une Société biblique à Fressinière. D'accord avec M. B*** fils, il
convoqua dix habitans des divers hameaux protestans, en peu de mots leur exposa le but et les
progrès des Sociétés bibliques, et tous, étant
disposés à y coopérer, composèrent un comité,
dont M. B*** fut nommé président.

« *Fressinière*, *mai* 1825. — Dès le mardi,
5 avril, on fit dans chaque village le recensement
des livres saints, en prenant note des demandes.
Avant la formation des Sociétés bibliques, il
n'existait pas dans toute la vallée douze Bibles,
presque toutes de Louvain, et un très-petit nom-

bre de Nouveaux Testamens ; la plupart du père Amelot; le tout en très-mauvais état. Depuis les envois de la société de Londres , et surtout depuis la formation de celle de Paris , la moitié des familles se sont pourvues de Bibles , et presque toutes de Nouveaux Testamens. Le plus grand nombre de ces livres, qui leur sont parvenus par les soins de MM. Lisignol et Henri Laget, ont été payés aux prix ordinaires. Maintenant tous ceux qui manquent encore de Bibles se sont fait inscrire pour en avoir. Nous leur donnons la faculté de les payer à divers termes, portés, pour les plus pauvres, à deux ou trois ans.

» Dans ce pays, il ne faut pas parler de souscriptions hebdomadaires pour ces sortes de paiemens : les montagnards ne touchent guère de l'argent qu'à l'époque où l'on vend le bétail ; tout le reste de l'année le plus grand nombre d'entre eux n'ont pas un sou à leur disposition.

» Le mardi, 6 mai, je passai le Col-d'Orsière. Plusieurs de mes guides étant mes catéchumènes, notre conversation fut très-édifiante. J'étais frappé des réflexions chrétiennes que leur suggéraient les difficultés de la route et l'aspect sévère des glaciers qui nous entouraient. Combien de fois, disait l'un d'eux, j'ai bravé le péril en poursuivant le bouc sauvage au milieu de ces précipices ; je n'épargnais ni mon temps ni ma peine; j'endurais le froid, la fatigue, la faim; je traversais les plus affreux rochers, et j'exposais cent fois ma vie. En ferai-je autant pour Jésus-Christ? poursuivrai-je la vie éternelle avec la même ardeur? Et cependant quelle comparaison !

» J'arrivai le même soir à Saint-Laurent, où je tins aussitôt une assemblée. J'espérais, en venant du Champsor, me reposer un peu des fatigues de la semaine précédente; mais que le Seigneur soit béni ! j'ai encore eu beaucoup d'occupation. Notre brave F*** ne s'était pas ralenti; je trouvai les mœurs améliorées et le zèle augmenté. Quoique les Protestans ne soient ici qu'une faible minorité, leur exemple ne laisse pas que d'influer sur les Catholiques romains : la danse a disparu; le jeu et leur ivrognerie, qui était passée en proverbe, ont sensiblement diminué; l'on n'entend presque plus parler de ces rixes sanglantes, si fréquentes auparavant dans cette vallée.

» Le jeudi et le vendredi, je fis le catéchisme; je visitai l'école et plusieurs familles, et tins chaque soir une assemblée. Le samedi, jour de l'admission des catéchumènes, je réunis, dès le matin, les moins instruits, dont plusieurs d'entre eux, qui habitent les montagnes voisines, au milieu de Catholiques romains, n'ont aucune ressource pour leur éducation, étant trop éloignés pour se rendre fréquemment à Saint-Laurent au catéchisme. Je leur adressai, en dialecte du pays, quelques paroles, dans lesquelles je tâchai de mettre à leur portée les vérités de l'Évangile. Ils furent très-attentifs, ainsi que leurs parens, non moins ignorans qu'eux. J'admis ensuite, au service du matin, cinquante-deux catéchumènes, dont plusieurs étaient vraiment touchés. L'après-midi se passa presque tout entière au temple ; et nous fûmes, à cause du nombre, obligés d'y tenir la réunion du soir.

» Dimanche 10, assemblée communiante très-nombreuse. Malgré l'ouverture que j'avais faite pratiquer la veille au plafond, j'eus beaucoup de peine à respirer. L'après-midi, l'assemblée fut, contre l'ordinaire, presque aussi nombreuse que le matin ; le soir, le temple était encore rempli. On ne vit, au jeu de boule, ce jour-là, qu'un seul Protestant. Plusieurs habitans du hameau voisin, qui étaient venus, pour la première fois, à la réunion du soir, disaient en s'en retournant : Si cet homme était souvent ici, les marchands de vin ne deviendraient pas riches. — Il n'y a pas moyen d'y tenir, ajoutait un autre ; il faut pourtant se rendre une fois. Cependant, avec tout ce zèle extérieur, l'œuvre vraiment spirituelle avance lentement. Il faut beaucoup de temps aux gens de ces contrées pour saisir tout de bon le royaume du ciel. On voit rarement, parmi les Français des campagnes, de ces conversions soudaines dont on parle si souvent ailleurs. »

Au milieu de ses nombreuses prédications, de ses visites, et de travaux de toute espèce, Neff trouvait encore le temps de s'occuper des affaires temporelles de ses paroissiens. Tout ce qui pouvait concourir à leur bien-être physique et moral était l'objet de sa sollicitude. Il se souvenait constamment de ces paroles de l'apôtre Paul : « Mes Frères, pensez à toutes les choses qui sont pures, à toutes les choses qui sont aimables, à toutes celles qui sont de bonne renommée, à toutes celles où il y a quelque vertu, » etc.

A Dourmillouse, on n'avait pas l'usage d'arroser les prairies. On les voyait souvent arides et couvertes de sautérelles. Déjà l'année précédente Neff avait dit, en montrant la rivière : « Vous faites de ces eaux comme de celles du salut : Dieu vous envoie l'une et l'autre en abondance, et vos prairies comme vos cœurs languissent dans la sécheresse. » Cette année, la neige ayant manqué et la terre étant déjà desséchée au printemps, il proposa d'ouvrir des canaux d'arrosage. Alors il apprit qu'autrefois il y en avait eu ; que le manque de soins les avait mis hors de service ; que plusieurs propriétaires s'opposaient à ce qu'on les rétablît ; qu'enfin, comblés par les ravins et les avalanches, il y aurait trop d'ouvrage à les refaire ; « D'ailleurs, » ajoutait-on,

« l'eau serait pour les plus forts et les plus ingambes ; les autres n'en auraient jamais leur part. »

Neff leva ce dernier obstacle en nommant un commissaire pour la distribution des eaux ; puis demandant aux propriétaires intéressés s'ils voudraient s'opposer à une chose aussi éminemment utile, ils n'osèrent rien objecter, et se réservèrent seulement de travailler eux-mêmes dans la partie qui traversait leurs propriétés. Tout étant concilié, il les prévint que dès le lendemain on mettrait la main à l'œuvre ; et lui-même aussitôt alla visiter les anciennes traces des canaux, et songer à ce que l'on pourrait faire. A la pointe du jour, il réveilla ses travailleurs, qui n'avaient pas accoutumé d'aller aussi matin à l'ouvrage pour la chose publique. « Nous nous rendîmes, » dit-il, « sur les traces à peine reconnaissables du grand canal. Il y en a pour trois jours, disaient les uns ; pour six, disaient les autres. Pas autant, leur répondis-je ; et, divisant aussitôt mes hommes par escouades, avec un piqueur, je les répartis sur une certaine étendue, donnant à chacun la tâche dont je le jugeai capable. A dix heures, on voulait s'en aller pour déjeuner ; je m'y opposai, et le fis apporter pour moi comme pour les autres. On continua le travail ; dans quelques endroits il fallait élever des digues de huit pieds de haut ; dans d'autres creuser à plus d'une toise au travers des lits rocailleux de trois

ou quatre torrens fort rapides. J'avais quarante
hommes en cinq ou six pelotons; j'allais de l'un
à l'autre, dirigeant tout et les excitant au travail;
et à quatre heures après-midi, l'eau arrivait à la
prairie aux cris de joie de tous les assistans, dont
les plus vieux n'avaient jamais vu ce canal en
usage.

« Le lendemain, nous conduisîmes l'eau dans
la prairie par des canaux partiels; c'était le po int
délicat, parce qu'il fallait traverser beaucoup de
propriétés, ce que plusieurs habitans n'auraient
jamais souffert sans ma présence. »

Les jours suivans, encore à sa demande, on
creusa un long canal, dans le travers de la montagne, pour alimenter les trois fontaines du village; il fallut pour cela miner et faire sauter des
rochers de granit; ailleurs, construire des aque-
ducs très-profonds.

Profitant de la confiance que lui avait acquise
la réussite de cette dernière entreprise, il leur
proposa de recevoir un garde pour les propriétés rurales, presque abandonnées. Ces montagnards, toujours en guerre avec l'archevêque,
leur seigneur et leur persécuteur continuel,
s'étaient accoutumés à l'indépendance et à l'in-
subordination; non-seulement les autorités lo-
cales y avaient peu d'influence, mais même l'ad-
ministration rigoureuse de Napoléon ne put jamais
les forcer à servir dans les armées. La persuasion

a produit plus d'effet sur eux ; et maintenant que l'ordre s'est établi, chacun s'en trouve bien.

A Fressinière, comme au Banc de la Roche, la pomme de terre est la principale nourriture des habitans ; mais on la cultivait si mal, qu'il fallait en couvrir le pays pour en avoir suffisam- ment. Neff avait conçu le projet de changer cette mauvaise culture ; mais il n'est pas facile de faire sortir les paysans de leur routine, et malgré tout ce qu'il avait pu dire jusqu'alors, on ense- mençait toujours de la même manière, c'est-à- dire sans fouir la terre plus de six ou huit pou- ces, et les semences étaient si rapprochées les unes des autres qu'il était impossible de sarcler pendant l'été. Ne pouvant leur faire entendre raison, il se mit à parcourir la vallée pendant plusieurs jours allant d'un champ à l'autre, ôtant les outils des mains des ouvriers pour planter lui-même à sa façon. C'était beaucoup qu'on le laissât faire ; ces pauvres gens croyaient leur terrain perdu en voyant mettre la pomme de terre à une distance six ou sept fois plus grande qu'ils n'avaient accoutumé ; et dès que le ministre était parti, chacun plantait à la vieille mode.

La même mauvaise culture était employée au Quéras, où cette plante vient difficilement, à cause des gelées d'été ; et l'exemple étant le seul moyen de réussir au milieu de ces paysans, Neff cultiva de ces plantes dans un jardin qui était à

4

sa disposition. Les habitans s'étaient moqués de lui ; au moment de la récolte, ils furent curieux de les voir arracher, et « quand au lieu du mince résultat qu'ils attendaient, nous disait notre ami, ils virent jusqu'à soixante et dix tubercules à une seule plante, tous me prièrent de leur enseigner ma méthode. »

Pour terminer ce petit exposé d'améliorations matérielles, nous dirons encore qu'après bien des exhortations, il réussit à faire assainir quelques maisons par des changemens de construction, et nettoyer les étables qui servent de poêles pendant tout l'hiver. « Je ne doute pas, » disait-il, « que lorsque les bons effets de ces soins seront reconnus, chacun ne s'empresse d'en profiter. »

Tous ces services lui avaient concilié le respect et l'affection de ces Vaudois ; ils contredisent aussi puissamment l'idée si générale, même dans les Hautes-Alpes, qu'on ne peut penser sérieusement à son salut sans négliger ses devoirs temporels.

« *Guillestre*, 2 *juin*, 1826. — Si, dans la première ardeur d'un réveil religieux, le zèle paraît devoir suffire et tenir lieu d'études, comme de la connaissance des hommes ; si, dans ces momens, on est porté à confier sans réflexion les parties les plus difficiles du ministère évangélique à des personnes qui n'ont que leur expérience reli-

gieuse, on ne tarde pas à reconnaître l'insuffisance d'une telle marche, et à sentir la nécessité d'unir à la vie chrétienne un bon jugement
et un certain degré d'éducation pour travailler
avec efficace au règne de Dieu. »

Depuis qu'il habitait au milieu de gens peu civilisés, cette opinion s'était fortifiée chez Neff.

« Un grand nombre de nos jeunes hommes, »
disait-il, « paraissaient animés du désir de répandre la lumière dont le Seigneur les avait éclairés. Quelques-uns avaient déjà commencé à tenir
de petites réunions dans leurs villages ; mais
l'ignorance arrêtait le zèle ou le dirigeait mal ;
et avec la meilleure volonté possible, ils ne
faisaient que peu de bien. A peine en trouvait-
on un qui pût lire couramment le français ;
moins encore qui le comprissent. Je voyais que,
non-seulement l'œuvre ne pouvait s'étendre, mais
qu'elle ne se soutiendrait pas, si je m'éloignais de
ces montagnes. Aussi m'arrêtai-je, après beaucoup de réflexions, à l'idée de former une école
qui réunit les jeunes gens les plus intelligens et
les mieux disposés des diverses communes, surtout ceux qui se destinaient à l'état d'instituteurs,
ou qui l'exerçaient déjà. Je communiquai mes
vœux à des personnes de Genève, qui voulurent
bien participer aux frais.

» Le presbytère de Dourmillouse m'offrit un
local, et nous ouvrîmes l'école dès le mois de

novembre 1825. Nous n'avions que peu de temps
à passer ensemble, dès le printemps chacun retournant à ses occupations ordinaires. Nous par-
tageâmes la journée en trois classes : la première,
depuis l'aurore jusqu'à onze heures; la seconde,
depuis midi jusqu'à la nuit; et la troisième, depuis souper jusqu'à dix ou onze heures du soir ;
ce qui faisait environ quatorze à quinze heures
de leçons chaque jour. La lecture, l'écriture et
l'arithmétique, prenaient une grande partie du
temps; la géographie et le chant sacré servaient
de récréation. La plupart des adultes du village
assistaient à ces leçons, tandis que les enfans
avaient leur instituteur particulier, payé par
eux comme d'ordinaire. Les jeunes personnes
étant les seules qui demeurassent étrangères à ces
écoles, j'en ouvris une pour elles, la veillée,
dans le local où s'assemblaient les enfans pendant
le jour. »

Attentif à ce qui pouvait contribuer au déve-
loppement intellectuel de ses élèves, Neff donnait encore aux jeunes gens les plus avancés quelques leçons de physique et de géométrie, dont
jusqu'alors ils avaient ignoré même les noms. Il
lui fallut employer les moyens les plus simples
pour être compris : une boule en buis, traversée
par un axe, sur laquelle il avait tracé les principaux cercles ; quelques pommes de terre, la
chandelle, et souvent les têtes de ses écoliers, lui

servaient à leur rendre sensibles le mouvement de la terre et celui des corps célestes.

Ces nouvelles connaissances, en agrandissant les facultés de leur esprit, semblaient en avoir fait d'autres hommes, sous le rapport même de la sensibilité. En leur montrant la carte, objet tout nouveau pour eux, Neff avait soin de leur donner des détails sur la couleur, les usages, l'histoire et l'état religieux de chaque peuple. « Je pus, » dit-il, « m'expliquer alors le peu d'intérêt qu'ils avaient pris à l'œuvre des missions; n'ayant aucune idée des nations étrangères, ils ne comprenaient rien à ce qu'ils entendaient dire; mais depuis qu'ils savent quels sont les peuples dont on leur parle, leur indifférence a fait place à une sollicitude aussi vive que celle des autres Chrétiens. »

« Quant à notre existence, » ajoute-t-il, « elle était semblable à celle des montagnards : nous avions fait provision de viande salée et de pain de seigle, que, selon l'usage du pays, l'on cuit une fois pour toute l'hiver; les habitans nous fournissaient le bois, et logeaient gratis les écoliers étrangers. Je ne puis que rendre grâces à Dieu de la bénédiction qu'il a daigné répandre sur cette entreprise, et des forces qu'il m'a accordées pour en supporter les fatigues. Oh ! qu'il supporte aussi mes infirmités, ou plutôt qu'il m'en délivre et m'accorde l'insigne bonheur de le servir jusqu'à la fin de ma vie ! »

Dans une lettre adressée à l'un des bienfaiteurs de l'école, se lit avec intérêt le récit de la séparation de ces jeunes gens.

« *Juin* 1, 1826. — Notre école devait finir avec l'hiver, et celui-ci n'ayant pas été long, les travaux agricoles ont rappelé nos élèves dès les environs de Pâque. Leur départ a fait à Dourmillouse un vide senti par tous les habitans, qui s'étaient attachés à eux comme à leurs enfans ; chaque famille en avait voulu loger un.

« La veille du départ, les jeunes gens des villages nous donnèrent un souper composé de leur chasse, c'est-à-dire de chamois et de marmotte salée. Ce repas , où assistaient environ trente jeunes hommes, unissait la joie de l'amour fraternel à la tristesse d'une prochaine séparation. Sur la fin de la soirée, quelqu'un ayant dit : Voilà une belle société de jeunes amis, mais il n'est pas probable que jamais nous nous retrouvions tous ensemble ; je pris ces paroles pour texte, et leur rappelai que nous pourrions tous nous revoir dans le royaume du ciel, si nous persévérions à suivre Jésus - Christ. Ensuite je leur adressai quelques mots sur le temps que nous avions passé ensemble, et dont tous n'avaient pas profité pour leur édification autant qu'ils auraient pu le faire. Les larmes coulaient; après la prière, on garda long-temps un silence profond. Le lendemain, chacun prit la route de sa vallée, laissant à Dourmillouse des regrets et des souvenirs qui ne s'effaceront pas de long-temps. »

Lors de la dédicace du temple de Fressinière, il avait fait la connaissance de M. Antoine Blanc, des vallées piémontaises, qui le pressait de lui rendre visite; de son côté, Neff, depuis long-temps, désirait connaître ce pays, où tant de fidèles laissèrent leur vie pour le nom de Jésus.

Ce fut pendant l'été de 1826, qu'il y fit une course dont il était loin de prévoir les résultats.

« Parti d'Arvieux le 6 juillet, j'atteignis, » dit-il, « le Col de la Croix, voisin du Mont-Viso, sommet très-élevé qui s'aperçoit encore bien au-delà de Milan. Je n'essaierai pas de rendre l'impression que fit en moi le magnifique tableau qui s'offrit à mes regards. L'admiration que causent les rochers et les glaciers qui vous entourent, les vallées du Piémont que l'on a sous ses pieds, et dans le lointain les vastes plaines de l'Italie, est un tribut que paie tout voyageur qui franchit les Alpes, surtout s'il associe à cette vue les poé-tiques et glorieux souvenirs de ces belles contrées. Mais que les sentimens du Chrétien sont diffé-rens de ceux du monde! Combien j'étais loin alors de penser aux Césars, aux Brutus, aux Virgiles! Une pensée absorbait tous mes sens, et jetait comme un voile obscur sur cette riante

Italie : c'était celle du ténébreux empire de la
bête et du double esclavage du fanatisme et de la
corruption. O Jésus! m'écriai-je, Soleil divin !
n'éclaireras-tu jamais ce malheureux peuple? l'as-
tu livré sans retour aux séductions de l'ennemi ?
Et vous, humbles vallées, arrosées du sang de
tant de martyrs, êtes-vous devenues arides pour
toujours ? O Éternel ! ce faible résidu de ton
antique église est-il effacé de ton livre et rejeté
de ta bouche ? Souviens-toi de tes compassions,
rends-lui ton chandelier, rappelle le zèle des
pères dans les cœurs des enfans, afin qu'ils possèdent encore les héritages désolés. Oh ! que le
cœur est ému en voyant ces tristes ruines de la
Sion européenne !

» Je descendais à grands pas un sentier, ou plutôt un escalier rapide taillé dans un granit cuivré,
le long des bords escarpés du Pelisse, qui se
précipite de cascade en cascade. Ce sentier descend pendant plus de trois lieues jusqu'à Boby,
où l'on commence à trouver les châtaigniers, dont
les fruits ont été bien souvent la manne des
Vaudois fugitifs. Là, tout annonce un peuple
réfugié : point de terrain perdu; le flanc des
monts est couvert de petits champs soutenus par
des murs, et dont la terre, en grande partie, a
été portée à dos d'homme. Le site est frais et
pittoresque ; la beauté de la végétation contraste
avec l'aridité des Alpes françaises. Les habitans,

presque tous Vaudois, sont pauvres, et paraissent simples dans leurs mœurs. Ce pays silencieux me semble fait pour servir de retraite à la vraie piété. »

« De Boby on descend au Villard, puis à la petite ville de La Tour, qu'on peut regarder comme le chef-lieu du pays vaudois, et qui malheureusement s'en distingue par le luxe. Comme j'entrai dans la ville, une femme âgée vint à moi, me demandant si je n'arrivais pas de France. — « Oui, madame. » « Ne seriez-vous point un M. Neff? » « Tout juste. » « Eh bien, venez ; » et me prenant par la main, elle me conduisit dans la maison, où je trouvai notre ami Blanc avec toute sa famille. La personne qui m'avait appelé était sa mère ; tout le monde me reçut comme une vieille connaissance. »

Après beaucoup de détails que nous avons dû supprimer, Neff continue : « Saint-Jean, la plus basse des vallées vaudoises, s'étend en partie dans la plaine ; le climat y est chaud et le terroir fertile ; on y trouve déjà la culture italienne ; les treilles étendues de toutes parts au-dessus des champs, et surmontées elles-mêmes par des mûriers : en sorte que le terrain donne à la fois, à différentes hauteurs, du grain, du vin et de la soie. Cette abondance amollit les habitans, qui sont plus vains que ceux des autres vallées. On ne trouve point à Saint-Jean de villages propre-

*

ment dits : chaque cassine est située au milieu des propriétés qui en dépendent. »

Les deux amis produisirent une vive impression dans l'église de Saint-Jean. Ils avaient été priés d'être courts l'après-midi, parce qu'il y avait bal et taulas (*) ce jour-là. Cependant, en considération des deux pasteurs étrangers, les gens de la fête n'eurent point de bal, et le tirage fut interrompu pendant les services.

Ils parcoururent encore plusieurs communes de ces vallées; puis ils revinrent à Saint-Jean tenir les réunions du soir qu'ils y avaient établies dès leur arrivée. Mais il fallut songer au départ : le congé de M. Blanc expirait, et, de son côté, Neff était attendu dans ses chères églises. En s'en retournant, il visita les pasteurs des communes qu'il traversait, et quitta le Piémont, attristé de la dégénération religieuse de ce peuple.

La parole qu'il venait de semer ne devait pas être perdue, mais le moment du réveil n'était pas encore venu : les amis que Neff laissait dans cette partie des Alpes devaient souffrir l'opprobre et passer par le van de la persécution. A peine

---

(*) Le *taulas* est un tir à la carabine, qui a lieu alternativement dans chaque commune presque tous les dimanches de la belle saison. Ceux qui en font partie sont organisés militairement, et se rendent à l'exercice avec leurs officiers et le tambour à leur tête. Les Vaudois seuls, dans tout le Piémont, jouissent de ce privilége, en vertu d'anciens traités avec les rois de Sardaigne.

était-il de retour au Quéras, qu'il apprit les
mesures de l'autorité sarde pour empêcher la
prédication du salut qui est en Jésus-Christ.
L'épithète de momiers, apportée par un étu-
diant venu de Lausanne, lui mandait-on, était
donnée à tous ceux dont la piété se ranimait.
On prêchait publiquement contre eux. Un pasteur, que nous nous abstiendrons de nommer,
donnait même en chaire des éloges à ceux qui
étaient allés danser chez lui en carnaval, et ap-
pelait ours ceux qui n'avait pas profité de ce
temps de dissolution. Mais comme le feu grandit
dans les obstacles, l'opprobre jeté sur les disciples de Jésus ne fit que redoubler leur zèle, et
leur nombre n'a pas cessé de s'accroître. Cependant la persécution augmente; ce n'est plus seulement l'autorité catholique que nos frères ont à
craindre, mais leurs compatriotes protestans,
qui rappellent contre eux les anciens persécu-
teurs, et qui, dans le moment où nous écrivons
ces lignes, s'unissent à cette église jamais lasse
du sang chrétien. Quel rapprochement entre le
fanatisme et l'incrédulité, le Papisme et les Soci-
niens !

Dans les vallées protestantes que desservait
Neff, se trouvent répandus un grand nombre de
Catholiques romains qui furent aussi les objets de
sa sollicitude.

« *Vars*, 20 *février*. — Les rachetés qui en-

entourent le trône de Dieu et de l'Agneau sont
venus de toutes tribus, langues et nations. Cependant, il est des contrées qui jusqu'ici semblent
être exclues de cet océan de miséricorde. Ainsi
sans parler des peuples auxquels l'Évangile n'a
pas été prêché, nous pouvons remarquer le peu
d'accès qu'il a dans cette église, qui se regarde,
avec complaisance, comme la seule apostolique
et universelle. A Mens, par exemple, où le réveil
des Protestans a fait beaucoup de bruit, on n'a
pas vu encore un seul Catholique y prendre part.
Ils sont pourtant mêlés en nombre égal avec les
réformés; des Bibles et des Nouveaux Testamens
leur ont été distribués; il est impossible qu'ils
n'aient pas vu très-souvent des traités religieux
répandus dans le pays, et qu'ils n'aient pas eu de
fréquens entretiens avec les Protestans convertis.
Mais, dans nos Alpes, le Seigneur nous accorde
la joie de voir çà et là quelques personnes de
cette église se réveiller pour la vie, et quitter
les citernes crevassées pour venir à la vraie source
des eaux. Ce n'est pas que nous ayons beaucoup
d'accès dans leurs maisons : un Protestant, un
ministre surtout, est fort mal placé pour leur
annoncer l'Évangile ; car outre la prévention
avec laquelle ils l'écoutent, il est presque impossible d'entamer une conversation religieuse sans
qu'ils vous jettent aussitôt dans la controverse,
dont le résultat est rarement satisfaisant. Ces

montagnes sont d'ailleurs desservies par de jeunes prêtres très-exclusifs et fortement imbus des doctrines des Jésuites', de l'école desquels ils sortent; et les missions, le jubilé, etc., ont singulièrement fanatisé la plupart de ces montagnards, déjà si portés à l'intolérance et à la superstition.

» En Champsor, où les Protestans ne sont qu'une très-petite minorité confondue dans un peuple grossier, violent et bigot, nos jeunes frères ont avec empressement saisi, dès le commencement du réveil, toutes les occasions de rendre témoignage à la vérité, dans les maisons, en chemin, et jusque chez les prêtres. Leurs entretiens étaient animés par un vif bon sens et la connaissance des Écritures. Le curé de la paroisse de notre ami P*** ne se lassait point de lui rendre visite. Un jour, il lui demandait, « sur quoi les Protestans pouvaient fonder leur croyance, puisqu'ils n'avaient point d'autorité. » « Sur la Bible, » répondit notre frère; « si les apôtres avaient dû laisser des successeurs infaillibles, il était inutile qu'ils nous laissassent des écrits, » etc. — « Et quelle confiance peuvent vous inspirer les apôtres plutôt que leurs successeurs? » — « Ils étaient inspirés du Saint-Esprit. » — « Eh bien! nous, nous le sommes. » — « Vous êtes inspirés? » — « Oui! » — « Eh! qu'allez-vous donc faire au collége? »

» Une autre fois, le curé questionnait une de nos sœurs du Quéras sur l'objet de sa foi, de son espérance, etc.; et comme elle ne répondait à chacune de ses questions qu'en nommant le Sauveur, le prêtre impatienté lui dit : « Toujours Jésus-Christ, toujours Jésus-Christ; croyez-vous donc que Jésus-Christ soit tout pour nous ? » Marie lui répondit avec sa douceur ordinaire : « Il nous a été fait de la part de Dieu, sagesse, justice, sanctification et rédemption ; que nous faut-il de plus ? »

» Peu de jours après, devant beaucoup de monde, le curé s'efforçait de faire entendre que toute espèce de péchés ne sauraient être mortels. Quand il eut bien raisonné , bien fait des comparaisons, pour appuyer la doctrine du purgatoire, des indulgences, etc., Marie le pria de lui dire si le péché d'Adam était mortel ou véniel ? Surpris, et entrevoyant les conséquences d'une telle question, le théologien renvoya sa réponse à une autre fois. J'eus moi-même avec lui, chez le curé de Fonzillarde, qui m'avait invité, une entrevue en présence de ses paroissiens et de quelques-uns des principaux Protestans. Les assistans ne donnèrent pas gain de cause à leur prêtre, et répandirent ce qu'ils avaient retenu de nos discussions.

« La partie inférieure de la vallée de Fressinière est habitée en général par des Catholiques qui ont une église et un prêtre aussi fanatique qu'ignorant, tandis qu'eux-mêmes sont peut-être les moins exclusifs du département. Déjà, dans les 12e et 13e siècles, leurs pères se distinguaient par leur tolérance pour les Vaudois, dans la condamnation desquels ils se trouvaient souvent enveloppés comme fauteurs d'hérétiques. Rarement je prêche dans cette vallée, sans que quelques-uns d'entre eux y assistent. A l'entrée, se trouve la commune de Champsellaz, dont les nombreux hameaux, séparés par des ravins et des rochers, s'élèvent en amphithéâtre depuis les vignes qui bordent la Durance jusqu'à une grande hauteur, au milieu des forêts de melèzes. Cette commune ne comptait qu'un petit nombre de familles protestantes. L'une d'elle, la famille A ***, la plus nombreuse et la plus riche, était même regardée comme catholique depuis une querelle que le chef avait eue avec un pasteur ; il avait cessé d'assister au culte réformé ; son fils aîné avait épousé une Romaine, et toute la famille allait à la messe. A la dédicace du temple de Fressinière, on vit paraître, avec la foule des Catholiques romains, le père A *** et ses deux fils cadets; ces deux derniers continuèrent à fréquenter nos assemblées publiques, et l'un d'eux a passé même cet hiver à notre école de Dourmillouse; mais l'aîné et sa femme demeuraient dans un tel éloignement, qu'ils sortaient de la

maison quand ils m'y voyaient entrer. Je ne son-
geais plus à eux, lorsque l'hiver dernier, notre
ami G*** du Trièvre, engagea l'aîné à l'accom-
pagner au Palon, où il devait tenir une assemblée. Cet homme fut tellement touché de la prédication et des prières de G***, qu'en rentrant
il dit à sa femme qu'ils étaient perdus l'un et
l'autre s'ils ne prenaient pas un autre chemin. Sa
femme étonnée résista peu, et dès ma première
visite, je fus frappé du changement qui s'était
opéré. Ces gens si rudes, si sauvages, vinrent
au-devant de moi avec le sourire de la joie et de
l'affection. Dès-lors, le mari vint au temple,
mais la femme se contentait d'assister aux réunions qui se tenaient chez les voisins; puis enfin
elle a commencé à suivre le culte public, et n'a
pas discontinué, malgré les attaques des prêtres
et de sa propre famille, qui se glorifiaient d'avoir
ramené par son moyen une maison protestante
au giron de l'église romaine. Quoique chargée
seule d'une grosse ferme et de quatre petits enfans, elle trouve encore le temps de lire, d'apprendre des portions de l'Évangile et un grand
nombre de cantiques, et de visiter ses parens et
ses voisins.

» Depuis ce temps, plusieurs autres personnes
des deux sexes ont également manifesté des
dispositions à la réforme, et commencent à
ré quenter nos réunions, et même le culte

public, malgré la distance où elles sont du temple.

» Le principal instrument de ce réveil, avec Marie, est un Protestant qui ne néglige aucune occasion de rendre témoignage à la vérité ; par son moyen, plusieurs Catholiques ont été pourvus de Nouveaux Testamens, de Bibles et autres livres ou traités religieux.

» Quelques jeunes hommes de Champsellaz, déjà suspects au prêtre, portaient à l'église leurs Nouveaux Testamens de Martin avec parallèles, et y cherchaient à mesure des passages pour combattre la doctrine qu'annonçait le curé ; souvent même, en sortant, ils étaient appelés à dire publiquement ce qu'ils en pensaient. Le prêtre, informé de ces choses, leur dit un jour en pleine assemblée, que s'ils avaient quelques explications à demander ou quelques objections à faire, ils le fissent librement en sa présence et non par derrière. Il fut pris au mot ; mais ces sortes de conférences lui ayant paru dangereuses, il les interrompit le premier, et peu de temps après il quitta la paroisse. Le nouveau curé de Champsellaz semble, par sa rudesse et son intolérance, hâter plutôt qu'arrêter les progrès de la réforme. »

Une circonstance vint encore augmenter cette propension. « Une de nos sœurs, » dit Neff, « tomba malade ; c'était la mère de ce jeune homme de Champsellaz qui a tant eu de part au

réveil de sa commune. Son lit était entouré de
Catholiques. Près de sa fin , mais vivante de
cette vie cachée avec Christ en Dieu , elle les
édifiait par la patience, la foi, et la joie chrétienne , qui l'animaient dans ses souffrances.
L'avant-dernier soir de sa vie, je tins une réunion dans la maison voisine, et le soir qui suivit
son délogement , j'en tins une autre dans la
chambre où gissait le corps sur une planche ,
enveloppé dans un drap mortuaire, selon l'usage
du pays. Ces assemblées, toutes deux nombreuses, étaient composées principalement de Catholiques. Quelques-uns même passèrent la nuit près
du cadavre avec nos frères et nos sœurs du
Palon. Le lendemain à midi nous fîmes les funé-
railles. Je prêchai sur la fosse devant un auditoire nombreux , tant catholique que protestant.
Parmi les premiers , étaient la mère, le frère
aîné et la belle-sœur de Marie , qui parurent
bien adoucis, et même désireux de connaître la
vérité. Un pauvre aveugle du village voisin s'est
fait conduire à nos réunions , ne se lassant pas
de bénir Dieu de ce qu'il pouvait entendre sa
sainte Parole. »

Appelé jeune à l'œuvre d'Évangéliste, endurci
par le travail et peu accoutumé aux aisances de
la vie, Neff put supporter les fatigues de sa
vocation pendant près de huit années. L'âpreté
du climat des Hautes-Alpes , des courses conti-

nuelles et des privations de toute espèce, ne
parurent pas influer beaucoup sur sa santé pendant les trois premiers hivers de son séjour chez
les Vaudois. Ce ne fut que dans l'été de 1826
seulement qu'il s'aperçut de l'affaiblissement de
son estomac, causé probablement par l'usage d'alimens grossiers, par une extrême irrégularité de
régime, peut-être aussi, et cette opinion était la
sienne, par la malpropreté des ustensiles de
cuivre dont on se sert dans ces contrées.

Il s'arrêta peu d'abord à ces indispositions, ne
se croyant pas autorisé à quitter un poste où sa
présence lui semblait nécessaire. Il avait surtout
à cœur de continuer, pendant l'hiver, l'école
d'élèves régens qu'il avait établie dès l'année précédente ; mais le travail de l'enseignement le fati-
guait beaucoup, ainsi que les courses par les
montagnes, dans un moment où il y avait près
d'une toise de neige sur le pays, la tourmente
régnant presque sans interruption, et des avalanches encombrant tous les passages. Des douleurs
d'estomac presque continuelles, et de fréquentes
indigestions, l'obligeaient à une sobriété qui
s'accordait mal avec la fatigue et le froid auxquels
il était exposé. Une foulure au genou, contractée
en traversant les débris d'une énorme avalanche,
sur la fin de mars, faillit l'arrêter tout-à-fait, et
il dut rester six jours pour faire douze lieues et
rejoindre ses élèves à Dourmillouse.

Ils se séparèrent peu de temps après, c'est-à-dire au commencement d'avril ; ceux du Champsor profitèrent d'une belle matinée pour franchir le Col-d'Orsière, et regagnèrent leur pays en un jour, tandis qu'en automne ils en avaient mis trois pour venir par la grande route ; plusieurs jeunes hommes de Dourmillouse les avaient accompagnés. Ils eurent moins à souffrir des neiges, qui s'élevaient cependant à plus de dix pieds, que de l'intensité du froid : quelques-uns d'entre eux avaient les pieds gelés en arrivant à Orsière, et sans les soins des habitans, les suites en auraient été graves.

Neff avait la coutume de rendre compte de ses travaux aux personnes qui l'aidaient dans ses établissemens d'écoles, etc. Nous avons une lettre sous les yeux, intéressante par les précieux résultats qu'elle fait connaître, et parce qu'elle est une des dernières qu'il ait écrite depuis le champ de sa mission.

« *Dourmillouse, 14 janvier* 1827. — Monsieur et très-honoré frère, — A mon dernier voyage à Guillestre, j'ai trouvé votre bonne lettre dont je viens vous remercier, ainsi que de toute la peine que vous voulez bien prendre pour nos pauvres montagnards.

» Grâce à la générosité des amis, notre petite école a un plancher, des vitres, des bancs, un poêle en fer pour le chauffage, tandis que toutes les autres écoles du pays, moins nombreuses à la vérité, sont tenues dans d'humides et obscures étables, où les écoliers, enfoncés dans le fumier, sans cesse interrompus par le babil des gens et le bêlement des bestiaux, sont encore obligés de défendre leurs cahiers contre les poules et les chèvres, qui sautent sur la table, et les gouttes d'une eau rousse qui distillent de la toiture.

» Dans l'appartement du presbytère, je tiens l'école des élèves régens; elle est composée d'une vingtaine de jeunes hommes de différentes communes.

» De mes élèves de l'hiver dernier, douze sont en activité comme régens pour l'hiver : un dans la Drôme, deux à Triève, deux à Champsor, deux au Quéras, et cinq dans la vallée de Fressinière. Ils se servent du vocabulaire pour expliquer les mots français que leurs élèves ne connaissent pas. Ils enseignent un peu de grammaire et même de géographie, choses inouïes dans ces montagnes.

» Nous sommes ensevelis ici dans plus de quatre pieds de neige, depuis le 1er novembre. A cette heure, un vent terrible l'enlève en tourbillons si épais, qu'on les prendrait pour des nuages. On peut à peine sortir des maisons. Les chemins sont tellement remplis, que j'ignore quand ma lettre sera mise à la poste.

» Pendant les abondantes chutes de neiges et

les vents des deux derniers mois de l'année, les
communications ont été très-difficiles et dangereuses dans nos vallées, par le nombre des avalanches qui roulaient de toutes parts, surtout aux
abords de Dourmillouse. Un dimanche soir, nos
écoliers et plusieurs personnes de Dourmillouse,
remontant au village depuis La Combe, où ils
étaient venus pour le sermon, faillirent être rencontrés par une avalanche. Elle roula dans un
passage très-étroit entre deux groupes de personnes. Quelques secondes plus tôt ou plus tard
elle entraînait dans le fond d'un abîme la fleur de
la jeunesse du pays. Mais l'Éternel qui commande aux flots de la mer, commande aussi aux
glaces et aux neiges, et, quand il le veut, garde
ses enfans au milieu des dangers. Les villages
mêmes ont plusieurs fois été menacés; j'ai vu à
diverses reprises nos calmes et peu prévoyans
Alpins montrer de l'anxiété. En effet, il est peu
d'habitations, dans les trois villages Vaudois de la
vallée, qui n'aient été rasées par ce terrible fléau,
et il n'y a pas une place dans cette étroite gorge
où l'on en soit absolument à l'abri. Cependant
c'est à cela même qu'ils doivent leur existence
religieuse et peut-être physique : si leur pays
avait été accessible et habitable, ils eussent été
exterminés comme tous les autres Vaudois, et
comme ceux de Val-Louise remplacés par les
agens des cruautés de l'inquisition. »

Après le départ de ses élèves, Neff retourna au
Quéras, à petites journées, s'arrêtant dans tous
les villages où il pouvait tenir des réunions , et
prêchant plusieurs fois dans chaque église; enfin
il fut obligé de demeurer plusieurs jours à Arvieux, pour soigner sa foulure , que la fatigue
avait considérablement aggravée , et son estomac
qui ne supportait aucun aliment, pas même de
légères infusions. « Je sentais mes forces dimi-
nuer rapidement, » nous disait-il depuis; « pour
la première fois, j'éprouvais ce que c'est que
fatigue, et je vis qu'il était temps de me rapprocher des secours , qu'avec toute leur bonne
volonté, ces pauvres montagnards ne pouvaient
me procurer. » Un soir qu'il était plus malade,
ils entouraient son lit en pleurant et se désolant
de ne pouvoir le soulager. Il profita de leur
émotion pour les entretenir de leur ame; ses
paroles allaient au cœur. « Oh! » disait-il en
racontant cette soirée , « que la maladie serait
préférable à la santé, et la douleur au bien-être
du corps, si l'homme intérieur en était toujours
fortifié comme il l'était alors en moi ! Nous
pourrions bien dire de tout notre cœur : Nous
nous glorifions dans l'affliction, et nous la regar-
derions comme le sujet d'une parfaite joie. »

Ce fut avec un vif regret qu'il abandonna la
commune d'Arvieux, quoiqu'il y eût rencontré
beaucoup de résistance. Sa séparation de la

famille P *** et de leurs voisins fut aussi bien
pénible. « Je me vis forcé, » disait-il, « de
blâmer leur extrême sensibilité et leur trop d'attachement à une chétive créature : cependant,
je ne quittai pas sans émotion cette maison naguère plongée dans les ténèbres du Papisme,
et qui m'avait reçu avec tant d'affection et d'hos-
pitalité. »

Il partit d'Arvieux le 27 avril, accompagné
de deux amis. « A peine avions-nous marché
pendant une heure, que nous rencontrâmes quatre jeunes gens de Dourmillouse, qui, ayant ouï
dire que j'étais plus malade, venaient s'infor-
mer de moi. Ils avaient déjà fait plus de huit
lieues, et revinrent avec moi jusqu'à Guillestre.
Le lendemain, avant le jour, l'un d'entre eux
alla à Fressinière pour me chercher un cheval ;
il rencontra en chemin une seconde troupe d'entre les principaux chefs de famille, également
partie de Dourmillouse dans l'intention de venir
me voir au Quéras. Ils continuèrent à descendre
jusqu'à ce qu'ils nous eussent rencontrés, et
témoignèrent beaucoup de joie de ce que je mon-
tais dans leur vallée, où l'on était fort en peine
de moi. »

Ses forces étant un peu revenues, il en profita
pour visiter les différentes communes de sa paroisse. Les curés du Quéras, le croyant parti
définitivement, s'étaient hâtés de l'annoncer en

chaire à leurs paroissiens. Celui d'Arvieux surtout, qui se vantait d'être la cause de ce départ
par ses démarches auprès des autorités , avait
invité son église à bénir Dieu d'avoir éloigné *ce
loup ravissant, cet ange de Satan, etc. , etc. ;* mais
malgré ces déclamations , plusieurs personnes
encore abandonnèrent sa communion.

« Enfin, » dit Neff, « j'arrivai dans le Triève,
que je trouvai dans l'état le plus réjouissant : un
grand nombre d'ames avaient été ajoutées au
troupeau de Jésus, et le zèle de ces nouveaux
nés avait ranimé celui des anciens. La réunion
des femmes mariées, fondée à l'époque de la
dédicace du temple de Mens, 1826, s'était tellement accrue, qu'on était obligé d'en former
deux. La plus grande liberté de cœur règne dans
ces assemblées , où souvent la dame et la fer-
mière sont assises à côté l'une de l'autre et s'ins-
truisent mutuellement, et où le patois est plus
employé que le français. Plusieurs autres réunions semblables ont été formées parmi les hommes. Dans chacune, le Christianisme expérimen-
tal en est seul l'objet : jamais des questions difficiles de théologie ne viennent en troubler la
paix, la simplicité. »

Autant Neff croyait qu'on ne devait pas se sé-
parer de l'église nationale, autant aussi il insistait pour que les frères fussent rapprochés et
unis entre eux. Partout où il y avait quelques

personnes pieuses, il y formait des réunions, séparant les sexes afin qu'il y eût plus d'abandon de cœur, plus de liberté dans les conseils. Il remplaçait ainsi la nourriture particulière, que ne peuvent donner, de leur chaire, les ministres les plus évangéliques, parce qu'ils sont obligés de s'adresser à une multitude qui connaît peu le Sauveur.

Pendant son séjour à Mens il prêcha plusieurs fois chaque dimanche, et présida tous les soirs des réunions nombreuses. Il recevait beaucoup de visites; chacun recherchait ses avis; les habitans de la campagne lui amenaient des montures pour le conduire dans leurs hameaux, où il trouvait toujours des réunions assez nombreuses. « Jamais la moisson n'avait paru si abondante dans le Triève : j'étais appelé de tous côtés; jamais je n'avais éprouvé un plus vif désir d'en parcourir les populeux vallons. Oh ! combien je regrettais ma première vigueur ! Combien mon corps affaibli me semblait un pesant fardeau! »

Enfin, cédant aux instances de ses amis, qui jugeaient mieux son état que lui-même, il partit pour Genève, où il arriva très-souffrant.

Entouré d'affection et de soins, il sembla un moment renaître, et nous eûmes l'espérance de le voir guérir. Il ne put rester oisif, et son activité avait les apparences de la force. Il présidait souvent nos réunions de prières ; il faisait

de petites courses dans les lieux qu'il avait autrefois édifiés, et, se croyant mieux, ne songeait
qu'à retourner dans ses chères montagnes. Mais
nos espérances furent déçues : bientôt ses forces
lui échappèrent réellement ; ce ne fut plus que
par lettres qu'il put donner à ses chers amis des
vallées, des marques touchantes de sa sollicitude.
Sans doute ses frères conservent les pages pré-
cieuses que son cœur lui dictait ; ils relisent avec
respect, avec larmes, les vivantes pensées du
pasteur qu'ils n'entendront plus. On lui défendit
de parler long-temps. Il ne prenait plus d'alimens
solides ; sa digestion était pénible et lente ; pour
la faciliter, on lui ordonnait différens exercices :
il descendait chaque jour au jardin d'un de ses
amis pour y cultiver des plantes. Il ne pouvait
plus prêcher ; mais son cœur, plein du désir
d'annoncer l'Évangile, ne put encore lui permet-
tre le repos qui lui était commandé. Par inter-
valles, il se mit à écrire ses méditations, les
adressant tantôt à une personne, tantôt à une
autre. Les rédacteurs de la feuille religieuse du
canton de Vaud en profitèrent quelquefois ; ils
donnèrent un grand nombre d'exemplaires de
celle sur 1 Cor. vii, 29--31. En 1828, sur nos
demandes réitérées, Neff fit imprimer celle sur
le 4e de Saint Jacques.

Neff ne s'abusait point sur son état, et n'espérait que fort peu sa guérison ; cependant il croyait

devoir ne pas négliger les secours de l'art. Son
médecin, après beaucoup d'essais, lui ordonna
les eaux de Plombières ; et malgré sa faiblesse,
Neff partit de Genève le 19 juin pour s'y ache-
miner à petites journées. Il traversa lentement
les cantons de Vaud, de Neuchâtel, de Berne, et
de Bâle, où huit ans auparavant il avait annoncé
l'Évangile. Combien il lui fut doux de retrouver
les anciens amis qu'il y avait laissés, et tant d'autres qu'il ne connaissait pas et qui l'entouraient
d'affection pour l'œuvre qu'il avait commencée
chez eux.

Le voyage, ou plutôt la joie, lui ayant donné
de l'animation, il eut assez de forces pour prêcher dans tous les lieux où il s'arrêtait. « Car,
grâce à Dieu, » nous disait-il, « il n'est maintenant presque aucun district de la Suisse oc-
cidentale où il n'y ait un commencement de
réveil, malgré l'inimitié du peuple et les lois
oppressives. »

Il trouva à Plombières ce qu'on trouve dans
tous les bains : une réunion confuse de toutes
les misères physiques et morales. Il se sentait
pressé de faire retentir la parole de vie au milieu
de cette foule occupée de ses maux et de ses
plaisirs, « où personne, » disait-il, « ne paraît
songer à l'éternité. »

Mme de C***, épouse du préfet des Vosges,
et Protestante, lui proposa d'établir un service

public chaque dimanche, et fit prévenir tous les Protestans qu'elle put découvrir. La réunion fut nombreuse ; jamais il n'avait eu un auditoire aussi brillant : cependant il leur parla avec autant de liberté qu'aux montagnards des Alpes. Les dimanches suivans, il y eut un plus grand nombre de Catholiques ; deux grandes salles pouvaient à peine contenir les auditeurs. Plusieurs personnes des deux cultes parurent aimer ses entretiens, et lui témoignèrent le désir de le revoir dans leur pays.

Il continuait l'usage des eaux, en bains et en douches, qui paraissaient produire un heureux effet. Ses forces et son appétit, malgré beaucoup de variations, semblaient augmenter, et l'on crut qu'il était temps d'ajouter quelque chose de plus solide au lait, qui, depuis un an, était sa seule nourriture ; mais ces essais faillirent lui coûter la vie ; après quelques jours, il était plus souffrant que jamais, et les soins les plus éclairés ne purent pendant plusieurs semaines arrêter les progrès du mal. La mauvaise saison approchait, et la perte totale de ses forces lui rendait le voyage impossible ; cependant, au milieu de cette triste situation, il nous faisait écrire : « Je ne puis assez bénir Dieu pour la bonté avec laquelle il me traite : de quel calme, de quelle paix il me fait jouir !

» Jusqu'à cette époque, l'idée d'être entièrement retranché du nombre des ouvriers de Christ, l'idée d'être condamné à une inaction absolue, m'avait parue comme impossible à supporter; mais dès que le Seigneur a jugé à propos de m'appeler à ce sacrifice, il m'a fait sentir que ce qui est impossible à l'homme est possible à lui; soutenu par sa grâce, je puis dire amen à ses jugemens. »

Pendant qu'il était retenu dans son lit, il reçut plusieurs visites d'un des curés de Plombières et de quelques jeunes ecclésiastiques Romains.

« S'ils fussent venus pour discuter, » nous disait Neff, « je n'aurais pu les recevoir, faible comme je l'étais; mais ils évitèrent soigneusement tout ce qui pouvait me fatiguer, même ils écoutèrent volontiers le peu de paroles que je leur adressais. Ils étaient surpris d'entendre un Protestant parler de la conversion du cœur, de la vie spirituelle, dans le même langage que quelques-uns de leurs docteurs les plus considérés. J'ai souvent vu qu'avec de telles personnes il vaut mieux, s'il est possible, bâtir et planter, qu'arracher et détruire; une grande partie de leurs préventions proviennent de leur ignorance sur tout ce qui concerne le Protestantisme positif: ils sont à moitié désarmés quand on leur parle sans controverse de ce qui fait la vie, la force et la paix du cœur. »

L'application de plusieurs moxas lui ayant rendu quelque force, il quitta Plombières, non

sans regretter les soins affectueux de M. le docteur
Turck, aussi distingué par ses sentimens philan-
thropiques que par ses talens comme médecin.

Cette fois encore le voyage sembla le ranimer
un peu, et à son arrivée à Genève nous conçû-
mes une faible espérance; mais bientôt, comme
si la vie de son cœur et de son esprit eût absorbé
toute celle du corps, il retomba plus malade
qu'auparavant. La période de ses souffrances à
laquelle nous sommes arrivés est longue et aride;
son estomac ne supportait qu'avec peine un peu
de lait caillé, encore avait-il souvent des indigestions, et les souffrances qu'il en ressentait étaient
si fortes, qu'il ne prenait cette faible nourriture
qu'après plusieurs heures d'une faim aiguë.

Quand il ne put plus sortir, on imagina toutes
sortes d'occupations manuelles pour faciliter sa
digestion. Les conversations lui furent interdites.
Quelques amis seulement conservèrent la faculté
d'être admis auprès de lui; mais ces amis, du
très-petit nombre desquels nous étions, ne faisaient, dans ces visites, que lui prendre la main,
et lui rendre quelques légers services. Il aimait
à nous voir là devant lui quelques instans, puis
nous faisait signe de sortir lorsqu'il était fatigué.
C'était la chose la plus triste que de le voir pâle,
amaigri, ses grands yeux exprimant le courage et
la souffrance; couvert de la tête aux pieds de
quatre ou cinq vêtemens de laine qu'il fallait

changer souvent; s'occupant lui-même, en silence, avec le plus grand calme, du pansement de
ses moxas, opérations douloureuses qui se renou-
velaient à chaque instant ; souffrant la faim ;
comptant les heures ; se hasardant enfin à prendre quelque chose ; puis attendant encore avec
anxiété que ce semblant de nourriture fût passé,
et recommençant ainsi tous les jours , toutes les
nuits, pendant une longue alternative de rechutes
et d'accablement physique, que nous prenions
quelquefois pour du soulagement. Comme il s'af-
faiblissait de plus en plus et que la faim le dévo-
rait, on essayait continuellement de nouvelles
espèces de décoctions ; mais ce qu'il avait pris
d'abord avec une apparence de plaisir , bientôt
ne se digérait plus.

Sa pensée constante, habituelle, se transpor-
tait dans les Alpes, et s'il conservait quelque
désir, quelque espoir, contre toute espérance ,
c'était que le Tout-Puissant voudrait peut-être
encore l'employer dans son œuvre. Il ne pouvait
plus écrire, ses nerfs en souffraient trop d'irri-
tation ; mais il dicta à sa mère, à différentes
reprises, sa sollicitude, ses touchantes exhortations et l'énergie de ses sentimens. L'intérêt qu'il
témoignait en particulier à chacun de ses chers
Alpins , leur faisait croire que ses facultés se
rajeunissaient et leur donnait l'espérance de le
revoir bientôt au milieu d'eux.

Sous un extérieur austère et froid il cachait une ame tendre ; la vue d'un ami lui causait souvent une grande émotion. Connaissant son goût pour le chant sacré, nous nous réunissions quelquefois dans une chambre voisine de la sienne, pour lui chanter, à demi-voix, quelques versets des cantiques qu'il préférait ; en particulier :

« Rien, ô Jésus ! que ta grâce, »

et cet autre que nous transcrirons en entier, parce qu'il en était l'auteur :

PARAPHRASE DE JÉRÉMIE XXXI.

Ne te désole point, Sion, sèche tes larmes,
L'Éternel est ton Dieu, ne sois plus en alarmes ;
Il te reste un repos dans la terre de paix ;
Jéhovah te ramène, et te garde à jamais.

Il te rétablira, même au sein des ruines,
La vigne et l'olivier étendront leurs racines ;
Tout sera relevé, comme dans tes beaux jours,
Les murs de tes cités, tes remparts et tes tours.

Un jour, un jour viendra que tes gardes fidèles,
Sur les monts d'Ephraïm, crieront aux rebelles :
Retournez en Sion, l'Eternel votre Dieu
Vous rappelle, venez, et montons au saint lieu !

Lève-toi, le puissant ne t'a point oubliée ;
D'un amour éternel le Seigneur t'a aimée.
Qu'au son de la trompette, assemblés en ce jour,
Tes enfans, ô Sion ! exaltent son amour !

Ces chants le remplissaient d'une foule de souvenirs et de sentimens ; ils l'émouvaient au point que nous ne pouvions continuer, quoiqu'il ne

nous vît pas et qu'il ne nous entendît que faible-
ment.

Au commencement de mars 1829, nous eûmes
des signes marquans de sa fin prochaine, et on
l'écrivit à ses amis des Alpes. « C'est nous, » ré-
pondirent-ils, « c'est nous qui sommes la cause
de votre longue maladie. Si nous avions été plus
prompts à vous écouter, vous n'auriez pas eu
besoin de tant vous fatiguer dans les neiges, ni
d'épuiser votre poitrine et toutes les forces de
votre corps. Oh ! que de peine il vous a fallu pour
nous faire comprendre quelque chose; vous vous
êtes oublié vous-même, comme notre bon Sauveur, pour nous autres.

» Cher pasteur, sensibles à l'affection que vous
nous avez toujours témoignée, nous voudrions
tous, du fond du cœur, vous être utiles en quelque chose. Nous pouvons dire, en sincérité, que
si notre sang vous était utile, nous le donnerions,
et nous ne ferions pas plus pour vous que vous n'a-
vez fait pour nous.

» Que le Seigneur vous bénisse et vous donne
la patience dans ces longs momens d'épreuve;
qu'il vous comble de mille bénédictions d'en-haut
et vous récompense de tant de peines que vous
avez prises pour nous ! Votre récompense est dans
le ciel : une couronne immortelle vous attend.
Nous finirons en nous recommandant à vos prières; nous, quoique faibles, nous ne vous oublions

pas dans les nôtres. Toutes les familles, *sans exception*, depuis la cîme de Romans jusqu'au pied des Influs, vous saluent, et vous verrez les noms de quelques-uns sur cette lettre.

» Nous sommes vos faibles, mais tout dévoués frères. »

Ces lignes naïves et si pleines de sentiment étaient suivies d'un grand nombre de signatures des chefs de famille de Dourmillouse et des environs, probablement tous ceux qui purent signer. Dans la même lettre, ces braves gens lui offraient de lui députer deux d'entre eux pour le voir encore une fois, ou de lui envoyer l'argent de leur voyage, s'il en avait besoin ; mais Neff refusa tout pour ne pas leur être à charge. Bien plus, car nous ne pouvons nous empêcher d'enfreindre sa volonté pour faire connaître son désintéressement, ayant reçu un mandat de quatre cents francs qui lui étaient dus, il avait dit : « Cet argent ne m'appartient plus, il est pour le missionnaire des Alpes, » et l'avait envoyé à M. Blanc de Mens, afin qu'il fût employé dans l'intention des donateurs.

Ses amis vinrent le veiller à tour; mais avant ses dernières nuits, il ne voulut pas que nous restassions debout, même il se gênait au point de ne pas nous appeler une seule fois. De jour, cependant, il fallait presque constamment se tenir près de lui pour le soulever et lui humecter les

lèvres avec une éponge que l'on trempait légèrement de lait coupé d'un peu de jus de citron; il
ne prenait plus autre chose. On lui faisait aussi
quelques frictions sèches sur l'abdomen pour cal-
mer les douleurs de la faim; et dans cette extré-
mité, il avait conservé une telle liberté d'esprit,
que pour demander à l'un de nous de le friction-
ner, il lui dit plaisamment : « Donne-moi à
dîner. »

» Sa voix s'était affaiblie au point qu'il fallait
se tenir bien près de lui pour l'entendre; ce
n'était qu'avec effort qu'il parlait, souvent ensuite
il en ressentait de vives douleurs : cependant il
acceptait volontiers cette souffrance lorsqu'il avait
un avis salutaire à donner. Nous avons eu le
bonheur d'être souvent auprès de lui pendant les
derniers temps de sa carrière douloureuse, et
nous n'avons pas entendu une plainte sortir de sa
bouche. Il était surpris et reconnaissant de l'affection qu'on lui témoignait, et la rendait avec effu-
sion. Souvent, après nos faibles services, il passait
ses bras autour de notre cou pour nous embrasser,
nous remercier, et nous exhorter de toute son
ame à nous dévouer au Sauveur. « Croyez-en mon
expérience, » nous disait-il, « il n'y a que Lui
de solide, il n'y a que Lui de vraiment aimable.
Si vous vous employez un jour à la prédication de l'Évangile, gardez-vous de travailler en
vue des hommes. Oh! combien je me reproche

de choses sous ce rapport! Ma vie, qui paraît à quelques-uns si remplie, ne l'a pas été au quart de ce qu'elle pouvait l'être. Combien aussi de temps précieux pour mon ame j'ai perdu ! » il s'accusait d'infidélité dans l'emploi de ses heures, et d'avoir recherché une vaine gloire, lui dont les travaux étaient à peine connus de quelques amis; lui qui avait refusé l'état du mariage pour conserver tout son cœur à son Maître, et dont la brûlante charité pour ses semblables l'avait amené à l'âge de 31 ans sur le lit de mort!

Voulant nous montrer combien sa foi était solide et dépouillée de tout ce qui tient à l'imagination : « J'ai gratté avec les ongles, » nous disait-il, « jusqu'à ce que j'en aie enlevé tout le sable, tout le mortier, jusqu'à la pierre vive, mais la pierre est restée. »

« L'Évangile est vrai, vrai, vrai ! » nous dit-il un autre moment d'une voix qui n'était qu'un souffle ; mais ses yeux l'exprimaient vivement.

Environ quinze jours avant sa mort, regardant dans un miroir, et découvrant sur sa physionomie des signes non équivoques de décomposition, il laissa éclater sa joie : « Oh! oui, bientôt, bientôt je m'en vais vers mon Dieu ! » Dès cette heure, il ne garda plus de ménagement pour lui-même : il fit ouvrir sa porte à tous, et le soir du missionnaire redevint une puissante mission. Sa chambre ne désemplissait pas; il avait une parole pour chacun, jusqu'à ce qu'il en fût accablé. Jouissant de toutes ses facultés morales, tout était présent à sa mémoire, les moindres circonstances, jusqu'aux conversations qu'il avait eues plusieurs années auparavant, et il s'en servait avec un ascendant extraordinaire pour exhorter.

On ne voyait en lui d'inquiétude que pour sa mère âgée et faible, qui lui avait voué sa vie et ne pouvait retenir ses pleurs. Devant elle, il affectait une fermeté qui allait jusqu'au reproche ; puis quand elle le quittait, lui non plus ne pouvant retenir ses larmes, la suivait des yeux avec tendresse en disant : « Pauvre mère ! »

Il fit des dons à ses amis, et destina des livres religieux à plusieurs personnes auxquelles il espérait être encore utile ; après avoir souligné beaucoup de passages, il écrivait ainsi l'adresse : Félix Neff mourant à....

Nous aurons un éternel souvenir de la dernière lettre qu'il écrivit : c'était peu de jours avant son délogement. Deux personnes le soutenaient ; ne voyant plus qu'avec peine, il traça à plusieurs reprises, en caractères gros et irréguliers, qui remplirent une page, les lignes interrompues comme elles sont ici. Quelle ne dut pas être l'émotion de ceux qui les reçurent, avec la persuasion que celui qui les avait tracées n'était plus.

Adieu, cher ami André Blanc,

Antoine Blanc,

Tous les amis Pelissier que j'aime tendrement,
François Dumont et son épouse,
Isaac et sa femme,
Aimé Deslois,
Emélie Bonnet, etc., etc.,
Alexandrine et leur mère,
Tous, tous les frères et sœurs de Mens,
Adieu ! adieu !

Je monte
Vers notre père en pleine paix !
Victoire ! victoire ! victoire !
Par Jésus-Christ !

FÉLIX NEFF.

La dernière de ses nuits, quelques personnes, dont nous faisions partie, restèrent pour le veiller. Jamais nous n'oublierons ces heures d'angoisses, si bien nommées la vallée de l'ombre de la mort. Il fallait constamment le suivre et le garder dans ses mouvemens convulsifs, soutenir de nos mains sa tête défaillante, essuyer de son front les froides sueurs, courber ou étendre ses jambes roidies; seul, le centre de son corps conservait encore quelque chaleur. Peu après il suffoquait; on n'osait plus rien lui donner; on lui lut quelques paroles de l'Écriture sainte; il ne paraissait pas entendre, et l'on se taisait; une seule fois, quelqu'un, désolé de le voir tant souffrir, ayant dit : Pauvre Neff! celui-ci souleva la tête, attacha un instant ses grands yeux pleins d'affection sur son ami, et se laissa retomber. Pendant cette longue nuit d'agonie, on ne put que prier et le soutenir.

Sur le matin, l'air frais l'ayant un peu ranimé, il fit signe qu'on le transportât sur un lit plus élevé ; on le mit sur ce lit, on l'arrangea sur son séant, et le combat de la mort commença. Pendant quatre heures, nous le vîmes les yeux élevés en haut ; chaque souffle qui s'échappait de sa poitrine haletante semblait accompagné d'une prière ; et dans ce moment suprême, où la mort s'appesantissait sur lui, il paraissait plus vivant qu'aucun de nous par l'ardente expression de ses désirs. Autour de lui on pleurait, on murmurait même sur la longueur de sa souffrance ; mais la puissance de sa foi était tellement visible en son regard, que la nôtre en était renouvelée ; il semblait qu'on vît errer sur sa bouche son ame impatiente de l'Éternité. Enfin nous comprîmes si bien sa véhémente pensée, que nous nous écriâmes tous instantanément : Viens, Seigneur Jésus, viens bientôt !

Deux jours après nous accompagnions sa dépouille mortelle. On lut, sur sa demeure passagère, quelques beaux versets de cette parole qui ne passera point ; on pria : et, comme il en avait témoigné le désir, ses nombreux amis assemblés chantèrent en chœur des vers de M. Vinet, dont les stances se terminent par celui-ci :

« Ils ne sont pas perdus, ils nous ont devancés ! »

EXTRAIT

D'UN DISCOURS

PRONONCÉ A MENS,

PAR FÉLIX NEFF,

Lors de la dédicace du Temple, en novembre 1826,

« VOUS COMME DES PIERRES VIVES, » ETC.

« LE temple de Jérusalem était un lieu tout par-
ticulièrement honoré de la présence de l'Éternel :
rien d'impur n'y devait entrer. On s'y occupait
exclusivement du service de Dieu; c'est là qu'il
était loué, adoré, béni; c'est là qu'il rendait ses
oracles, répandait ses bénédictions. L'église appelée un « saint temple, » un tabernacle spirituel,
doit présenter tous ces caractères en perfection
et en réalité, comme le temple en type et en
figure.... Or, quelle église, à prendre ce mot dans
une acception ordinaire, quelle aggrégation
d'hommes pécheurs nous offrira cette réalité, et

nous paraîtra digne d'être appelée «la maison de
Dieu en esprit, le tabernacle du Dieu vivant?.... »
(Ici le prédicateur jette un coup-d'œil rapide sur
l'histoire de l'église en général, les erreurs, les
scandales, la corruption, les schismes, etc.) « Où
trouverons-nous ce divin sanctuaire? « Dans l'assemblée des premiers-nés et des milliers d'anges,
dans la Jérusalem d'en-haut. » Là, mille fois
mieux qu'en Sion, Dieu est servi, loué, béni;
ce sanctuaire céleste et spirituel est formé de la
totalité des êtres purs qui trouvent en Dieu leur
bonheur.... La gloire de Jéhovah le remplit et
l'éclaire, et se réfléchit sur chacune des pierres
vives dont il est formé.... Son amour les unit, les
embrase.... Le Roi de gloire habite au milieu
d'eux, se réjouit de leur félicité, et se plait à
écouter le concert éternel de leur reconnaissance...
Tel est le temple que Dieu habite, le seul qui
soit digne de lui.... Que seront donc les diverses
églises où l'Évangile est prêché sur la terre?.....
Quand on élevait le magnifique temple de Salomon, « toutes les pierres, tous les bois qu'on y
apportait, étaient si bien taillés et préparés, qu'on
n'y entendait, » dit l'historien sacré, « ni mar-
teau, ni hache, ni aucun instrument de fer. »
1 Rois vi, 7. Mais il n'en était pas ainsi, bien
certainement, dans les carrières de marbre, ni au
Liban, où l'on coupait les cèdres, non plus qu'aux
ardentes fournaises entre Succoth et Iséréda, où

l'on fondait l'airain pour les vases sacrés…. Ainsi,
dans le ciel, ce majestueux sanctuaire s'élève
sans bruit, sans effort; tout y arrive pur et parfait.
« L'épouse de l'Agneau n'a ni tache, ni ride, ni
rien de semblable; mais dans ce monde impur
et ténébreux, carrière obscure, d'où le grand
Architecte veut bien tirer quelques pierres pour
son édifice, que trouverons-nous, sinon des
chantiers dressés pour un jour, où tout paraît en
mouvement et en désordre?..... Que de pierres
informes, de rebuts, de débris inutiles, que d'objets d'un usage passager!... Combien d'arrange-
mens purement provisoires!..... Que de merce-
naires, d'étrangers, occupés dans ces carrières,
comme les ouvriers d'Hiram, et qui, comme eux,
n'entreront jamais dans le sanctuaire!.... Que de
dissensions entre les ouvriers, même les plus fidèles, que de conjectures, de discussions vaines au
sujet du but final et du plan du grand Architecte,
qui n'est connu que de lui seul!.... Chercherons-
nous, dans ce chaos, la véritable église, le
temple spirituel?.... Voudrons-nous la composer
de l'ensemble de tous ces blocs informes, ébau-
chés, ou seulement de ceux qui nous paraîtront
déjà préparés par le Maître?.... Essaierons-nous
de réunir dans un ordre commun tous ceux que
nous trouverons préparés dans chacune des diverses carrières ouvertes en mille endroits du monde;
ou, ne pouvant y parvenir, nous efforcerons-nous,

au moins, de les grouper en divers tas comme ces pierres déjà taillées qu'on assemble pour les toiser avant que de les mettre en œuvre ?.... Oh ! que le Maître est bien plus sage !.... Tandis que nous nous disputons sur la prééminence de tel ou de tel chantier, et que d'autres se consument pour y introduire un ordre parfait, le divin Salomon parcourt en silence cette vaste exploitation, choisit, marque, enlève, et place dans son édifice les matériaux préparés au milieu de tous ces frottemens, assignant à chaque pièce le lieu qui lui est propre, et pour lequel il l'a destinée... Telle est, mes bien-aimés frères, la grande idée que nous devons nous faire de ce tabernacle céleste, de cette maison spirituelle de Dieu, de cette église universelle, tant militante que triomphante, dont nous professons l'existence dans le symbole apostolique.... O combien nous paraîtront, maintenant, pitoyables les orgueilleuses prétentions de telle ou telle église à l'universalité, ainsi que les interminables disputes sur la succession, la hiérarchie et la discipline, qui, dans tous les temps (comme encore aujourd'hui,) ont divisé et troublé les fidèles !.... Travaillons plutôt, dans la carrière où nous sommes placés, à préparer le plus de matériaux possibles, et surtout prions le Seigneur qu'il fasse de nous tous des pierres vives pour son édifice. Amen ! »

EXTRAITS

D'UNE

MÉDITATION

Sur le 4ᵉ chapitre de S. Jacques.

« *D'où viennent parmi vous les dissensions*, » etc.
Verset 1.

———

« L'AMOUR du monde est, sans contredit, la cause nécessaire des dissensions et des inimitiés ; car la terre n'offrant qu'une somme de biens très-insuffisante, comparativement à l'avidité de ses habitans, les objets terrestres ne peuvent être, parmi ceux qui les cherchent, qu'une source intarissable d'envie et de querelles. Les biens célestes, au contraire, surpassant infiniment tout ce que des créatures bornées peuvent désirer, nul ne pense à en être jaloux. Comme les eaux de la mer baignent également la baleine et le plus petit coquillage, comme une pluie abondante ar-

rose suffisamment le chêne et le gramen , ainsi
l'amour de Dieu, embrassant tous les êtres qui
vivent en Lui, rassasie pleinement chacun d'eux,
comme s'il ne s'occupait que de celui-là seul. Si
toute une armée dévorée par la soif se porte vers
une petite fontaine, on conçoit que le plus grand
désordre y régnera, parce que chacun, craignant
que l'eau ne manque, voudra boire le premier;
tandis que s'ils vont boire au bord d'un grand
fleuve, tout se passera sans la moindre contesta-
tion. Aussi long-temps donc que nous demande-
rons notre bonheur aux hommes ou aux biens
périssables, nous serons par le fait les ennemis
les uns des autres. Plus, au contraire, nous re-
noncerons à la gloire et aux biens quelconques de
ce monde, plus aussi notre cœur s'élargira, et
moins nous aurons de peine à pardonner, à aimer,
« à vivre en paix avec tous les hommes , et surtout avec ceux qui invoquent le Seigneur d'un
cœur pur. »

« *Soumettez-vous donc à Dieu.* » Verset 7.

« Est-ce bien à de chétives créatures que Dieu
tira hier du néant, et qui demain rentreront dans
la poudre; est-ce bien à de frêles humains dont
la vie s'évanouit comme une vapeur légère, qu'il
est besoin de dire : « soumettez-vous à Dieu? »
Mais telle est la folie de l'homme mortel, qu'il
ose résister au Dieu fort et braver ses jugemens !

Et telle est la bonté de ce Dieu miséricordieux , qu'au lieu d'écraser sans retour ce vermisseau qui, selon l'énergique expression d'un réformateur, se recoquille contre lui, il le supporte avec patience, il l'invite , il le fait supplier d'être réconcilié avec lui, (2 Cor. v, 20 ;) et tandis qu'il est temps encore, il lui fait dire : « Soumettez-vous à Dieu. »

« Et vous aussi, qui connaissez son amour , soumettez-vous à lui , en lui sacrifiant vos mauvais désirs, en « marchant dans les bonnes œuvres qu'il vous a préparées. »

MÉDITATION

PAR

FÉLIX NEFF,

SUR CES PAROLES :

« Mais voici ce que je dis, mes frères ; c'est que le temps est court désormais. Que ceux qui ont une femme soient comme s'ils n'en avaient point ; ceux qui pleurent, comme s'ils ne pleuraient point ; ceux qui sont dans la joie, comme s'ils n'étaient point dans la joie ; ceux qui achètent, comme s'ils ne possédaient rien ; et ceux qui usent de ce monde, comme s'ils n'en usaient point ; car la figure de ce monde passe. » — 1. CORINTH. VII, 2o—31.

———

« CELUI qui est de la terre parle comme issu de la terre, » Jean III, 31. Mais le chrétien est citoyen du ciel, et s'il est souvent obligé de s'occuper des objets périssables, tel qu'un plongeur qui vient respirer à la surface de l'eau, on le voit revenir aux choses divines, son élément naturel. Ainsi dans le chapitre d'où nous avons tiré notre texte, l'Apôtre, après avoir traité d'une manière assez détaillée les convenances du célibat et du mariage, et les devoirs de ce dernier état, comme s'il craignait d'avoir fixé trop long-temps sur la terre nos regards et les siens, s'interrompt tout-à-coup, et considérant son sujet dans ses rapports avec l'éternité, nous montre toutes ces

6

choses sous leur vrai point de vue : « Au reste, mes frères, le temps est court désormais. Que ceux, etc. »

Oh! combien, en effet, les sujets ordinaires de la tristesse, de la joie, des desirs et des affections du mondain nous paraîtront vains et petits, envisagés des hauteurs de l'éternité! C'est de là, seulement, qu'appréciant chaque objet à sa juste valeur, nous verrons quelle place il doit occuper dans notre esprit et dans notre cœur. — Vivement frappé de l'excellence de cette leçon de la sagesse divine, nous désirons en faire aujourd'hui le sujet de notre méditation, en suivant simplement, et dans leur ordre naturel, les paroles de l'Apôtre. Puisse l'Esprit qui les a dictées les graver profondément dans nos cœurs et nous donner de les mettre en pratique pour notre paix et pour sa gloire. Amen!

I. « Le temps est court. » — Que d'instructions renferment ces paroles! Que cette pensée est sérieuse : le temps est court. Le temps de la patience de Dieu, le temps de la repentance accordé par grâce aux rebelles, temps, hélas! si mal employé, ce temps est court! Car le Juge est à la porte, Jacques v, 9. «Le jour du Seigneur vient, ardent comme une fournaise, » Malach. iv, 1; ce jour de terreur et d'angoisse qui surprendra le monde incrédule, « quand ils diront paix et sûreté, » 1 Thess. v, 3. Hâtez-vous donc, vous qui voudriez éviter la colère à venir. Cherchez l'Eternel pendant qu'on le trouve! Invoquez-le tandis qu'il est près! Marchez pendant que vous avez la lumière, car déjà l'ange de l'Eternel a levé la main, et bientôt, bientôt il aura « juré qu'il n'y a plus de temps! » Apoc. x, 5 6.

« Le temps est court » pour la gloire et les délices de ce monde. La gloire de l'homme est comme la fleur d'un champ, la figure de ce monde passe, « bientôt la voix des chanteurs, la harpe et la trompette ne seront plus entendues, le bruit de la meule cessera et la lampe ne luira plus dans » cette Babylone, Apoc. xviii, 12, 23. « Puis donc que toutes ces choses doivent se dissoudre » par l'ardeur du feu, 2 Pierre iii, 11, n'y mettez point votre cœur, mais que « votre trésor soit dans le ciel ; cherchez les choses qui sont en-haut et regardez aux choses invisibles qui sont éternelles. »

« Le temps est court » pour les afflictions auxquelles les héritiers du royaume de Dieu sont exposés dans cette vie. — « Encore un peu de temps et celui qui doit venir viendra, et il ne tardera point, » Héb. x, 37. « Levez vos yeux en-haut, » disciples souffrans de Jésus, « le temps de votre délivrance approche, » Luc xxi, 28, notre affliction ne fait que passer, et bientôt la gloire éternelle sera révélée en nous, 2 Cor. iv, 17 ; Rom. viii, 18. « Les jours seront abrégés pour l'amour des élus, » Matth. xxiv, 22. Encore quelques soupirs, encore quelques nuits de tristesse et nous verrons ce que nous avons cru, et nous recevrons « la couronne de justice que le Seigneur a préparée à tous ceux qui auront aimé son avénement, » Tim. iv, 8.

« Le temps est court » pour accomplir notre œuvre. « Le temps est court » et la tâche est grande, « travaillons donc tandis qu'il est jour, car la nuit vient où personne ne peut plus rien faire, » Jean ix, 4. « Faisons du bien à tous pendant que nous

en avons le temps, » Gal. iv, 10. Répandons la sé-
mence dès le matin et ne laissons point reposer nos
mains le soir, Ecclés. xi, 6. Rachetons le temps.
— Rendons témoignage au nom de Jésus. Sonnons
du cor en Sion, et de la trompette en Israël ; « car
nous n'aurons pas achevé le tour des villes de Juda
que le Seigneur sera venu, » Matth. x, 23.

« Le temps est court, » enfin, le temps de repos
temporel dont nous pouvons jouir à cette heure, et
c'est ici probablement le sens littéral des paroles de
l'Apôtre, qui avait en vue les prochaines persécu-
tions. « Nous dormons et nous sommeillons, mais
l'ennemi s'approche, » Matth. xxvi, 45, 46, nous n'a-
vons qu'une courte trève et non la paix avec le monde. Préparons-nous donc, s'il le faut, à souffrir avec
joie la perte de nos biens, Héb. x, 34, à oublier notre patrie, à nous cacher peut-être dans les cavernes
de la terre comme cette nuée de témoins qui nous
ont précédés, Héb. xi, 38 ; xii, 1. Préparons-nous
à quitter, s'il le faut, pour l'amour de Christ, père,
mère, femme et enfans, et à suivre Jésus chargé de
notre croix, Marc x, 29, 30 ; viii, 34. Que ceux
donc qui ont une femme soient comme s'ils n'en
avaient point.

II. « Celui qui n'est pas marié à soin des choses
du Seigneur, cherchant à plaire au Seigneur ; mais
celui qui est marié a soin des choses du monde, cherchant à plaire à sa femme, » 1 Cor. vii, 32, 33. Si
le chrétien (et combien plus encore l'homme du
monde) est exposé à négliger l'œuvre du salut pour
l'amour de sa femme, nous pouvons en dire autant
de toutes les affections légitimes et des devoirs qui

s'y rattachent. « Celui qui aimera plus que moi, et même qui ne hait pas pour l'amour de moi, père, mère, femme et enfans, frères et sœurs, et sa propre vie, n'est pas digne de moi, » Matth. x, 37. Luc xiv, 14—26.

Et pourtant ce même Evangile, comme la loi et la nature, ordonne au chrétien d'honorer son père et sa mère, d'aimer sa femme, d'avoir soin de ceux de sa famille; et le chrétien obéit avec joie à ces commandemens. Oui, le disciple de Christ, comme l'homme irrégénéré, aime ceux de sa famille; mais il ne les aime pas de la même manière. Le dernier les aime d'une affection toute charnelle. Il en fait ses idoles. Il y met son bonheur et sa gloire; car l'orgueil entre pour beaucoup dans l'affection que l'on porte aux siens. S'il les perd, il murmure, il se désespère, le temps seul pourra fermer la plaie de son cœur. Il est jaloux de leur amour, de leur approbation. Qu'il les craigne ou qu'il les aime, leur plaire est toujours à ses yeux son premier devoir, et jamais la force de ces liens ne se fait mieux sentir que quand il s'agit de l'œuvre de Dieu. Est-il invité aux noces de l'agneau? — il a épousé une femme, ainsi il ne peut y aller, Luc xiv, 20. Est-il appelé à suivre Jésus? — il doit auparavant ensevelir son père ou prendre congé de ceux de sa maison, Luc ix, 59, 60, et il prend ainsi conseil de la chair et du sang, Gal. i, 16. « J'entendrais volontiers telle prédication, » dit-on; « je voudrais fréquenter de vrais chrétiens, abandonner les vanités du monde, sanctifier le jour du Seigneur; mais mon mari — mais ma femme — mais mes parens! » Un autre ne trou-

vera pas chez les siens d'opposition proprement dite
et cependant pour l'amour d'eux il négligera son
ame immortelle. « Je suis époux, je suis père, je
dois conserver mon emploi, mes chalands, mes pro-
tecteurs. Il faut avant tout élever ma famille, et si je
m'adonnais à la piété, si je me chargeais de l'opprobre de Christ, je risquerais d'en perdre les moyens. »

Le chrétien, au contraire, met avant tout l'amour
de son Dieu, la gloire de son Dieu, la volonté de
son Dieu. Il aime ses parens, sa femme, ses enfans;
il respecte les premiers, il a soin de tous. Il cherche
à leur plaire, aussi long-temps que sa conscience n'y
est point compromise. Mais faut-il opter entre ses
devoirs de chrétien et ses affections de famille? Il
ne connaît plus personne selon la chair, 2 Cor. v,
16; il sait quitter, s'il le faut, père et mère, femme
et enfans, et si quelqu'un d'entr'eux veut le conjurer
d'avoir pitié d'eux et de lui, et l'engager à aimer sa
vie en ce monde, quand le Seigneur l'appelle à la
hair, Jean xii, 25, il les repousse comme Jésus re-
poussa Céphas, Matth. xvi, 23. Et dans le cours ha-
bituel de la vie, lorsqu'on pourrait croire qu'il n'est
appelé à aucun sacrifice de ce genre, il se rappelle
que « toute chair est comme l'herbe, » que la vie de
l'homme s'évanouit comme une vapeur légère, et
qu'il ne doit attacher son cœur qu'aux choses qui
sont permanentes. Il a donc une femme comme n'en
ayant point, des enfans comme n'en ayant point.
Que la mort vienne et les lui ravisse, il s'y était pré-
paré d'avance et se soumet sans murmurer, bénis-
sant, comme Job, le nom du Seigneur, qui les avait
donnés et qui les a ôtés. Il se rappelle, au milieu

de son affliction, que le chrétien doit pleurer comme s'il ne pleurait point.

III. Ce n'est point à une insensibilité affectée que l'Évangile nous appelle, les larmes ne sont pas interdites au chrétien, quand l'Éternel appesantit sa main sur lui et le visite par l'affliction; souvent il y a plus d'orgueil que de soumission dans la fermeté que quelques-uns font paraître au milieu des épreuves. — Le chrétien frappé peut pleurer, mais « non pas comme ceux qui n'ont pas d'espérance. » Les larmes du mondain sont amères. Son partage est dans cette vie; sa beauté, sa force, sa santé, sa réputation, son honneur, sa fortune, sa famille, sa patrie, sa liberté, et souvent des objets bien moins dignes de ses affections, possèdent tout son cœur; y toucher, c'est transpercer son ame; son bonheur fragile peut être anéanti d'un instant à l'autre, et sa douleur est un désespoir.

Le chrétien a placé dans les cieux son trésor et son cœur. Il n'a point ici-bas de cité permanente, et n'y cherche point son repos. Il tourne ses regards vers les biens célestes, et comparant ses afflictions d'un jour au « poids éternel d'une gloire infiniment excellente, » il les appelle et les trouve légères, 2 Cor. IV. 17.

Souffre-t-il d'un revers de fortune? est-il précipité du haut des grandeurs? Il a appris du Seigneur à être content de l'état où il se trouve, soit dans la disette, soit dans l'abondance, soit dans l'honneur, soit dans l'ignominie, Philipp. IV. 11, 12; 2 Cor. VI. 8. Il se rappelle que « le Fils de Dieu n'eut pas où reposer sa tête, » s'étant fait pauvre pour l'amour de nous, et s'étant « abaissé jusqu'à prendre la forme d'un serviteur. » Il se console donc et peut même supporter avec joie la perte de ses biens, sachant qu'il a dans les cieux un héritage incorruptible, Héb. x. 34.

Doit-il s'éloigner du toit paternel, abandonner son pays natal? Il sait qu'il est étranger sur la terre, que sa vraie patrie est la Jérusalem d'en-haut, et que nul ne peut l'en bannir. — Est-il privé de sa liberté, chargé de chaines, séparé de tout ce qu'il aime sur la terre? Son ame n'est jamais liée, et son Dieu qui brise les portes d'airain est avec lui dans sa captivité. Il est l'affranchi du Seigneur, et sous le joug de la plus dure servitude, il peut chanter sa delivrance et jouir de la « liberté glorieuse des enfans de Dieu. »

Est-il méprisé, calomnié par les méchans, méconnu par ses frères même? Il se console en contemplant l'Agneau de Dieu qui fut chargé d'outrages et n'ouvrit point la bouche, et qui s'est laissé mettre au rang des malfaiteurs. Il sait que dans peu de temps la vérité sera manifestée et l'iniquité confondue, et que son droit sortira comme l'aube du jour. En attendant il se réjouit de ce qu'il est jugé digne de souffrir des opprobres pour l'amour de Jésus, et de ce qu'on dit faussement contre lui toute sorte de mal, Matth. v. 11, 12.

Doit-il, enfin, voir son corps s'affaiblir et se consumer par la maladie et les infirmités? Il sait que ce corps de péché doit retourner en poudre, pour que l'esprit revêtu d'un corps incorruptible puisse entrer dans la gloire. Il dit avec St. Paul : « L'homme extérieur dépérit, mais l'intérieur se renouvelle de jour en jour, » 2 Cor. IV. 16. Il considère ses douleurs comme une épreuve salutaire, et se glorifie dans les afflictions, Rom. V. 3. Il attend que la mortalité soit absorbée par la vie, et aux approches du dernier combat, loin de frémir devant le Roi des épouvantemens, il le salue comme un libérateur, ou le brave et lui crie : « O mort, où est ton aiguillon! ô sépulcre, où est ta victoire! En toutes choses nous sommes plus que vainqueurs par celui qui nous a aimés, I Cor. XV. 55, 57; Rom. VII. 37.

IV. Mais ce n'est pas dans l'affliction seulement que le chrétien doit posséder son ame. S'il doit pleurer comme ne pleurant point, il doit aussi se réjouir comme n'étant point dans la joie; et tandis que les enfans du monde se livrent pour des choses de néant aux transports d'une joie insensée, qui bientôt sera changée en tristesse, le chrétien ne voit rien ici-bas qui soit capable de satisfaire ses désirs et de remplir un seul instant son cœur. Il sait que la gloire de l'homme est comme la fleur des champs, que les richesses sont un piège, et que si les biens abondent à quelqu'un, il n'a cependant pas la vie par ces biens. — Il n'estime donc pas que la possession de ces choses soit un grand bonheur, et souvent il craint, loin de le souhaiter, l'embarras des richesses et des honneurs qni sont des empêchemens sur la route du royaume du ciel.

Le sentiment de la fragilité et du néant des choses terrestres doit également modérer sa joie dans d'autres circonstances. Au jour des épousailles, à la naissance d'un premier-né, au retour d'un parent chéri, il pense aux jours de deuil et craint d'attacher son cœur à ce qui doit bientôt finir.

Au milieu même des transports de la vraie joie que l'Esprit du Seigneur excite dans son ame, le chrétien doit se souvenir que ce n'est point ici le temps ni le lieu du repos. D'ailleurs, le sentiment de ses propres misères et de celles du peuple de Dieu, et le triste aspect d'un monde plongé dans le mal, attristeront bientôt son cœur et mêleront bien des soupirs à ses chants de triomphe et d'actions de grâces.

Mais c'est surtout dans les soins, les occupations et les travaux relatifs à notre existence temporelle, qu'il est important de bien saisir l'esprit de l'Évangile. Examinons donc attentivement cette partie de notre texte : « Que ceux qui achètent soient comme s'ils ne possédaient point. »

V. L'homme naturel qui n'entend point les choses de Dieu, croit voir à chaque instant des contradictions entre les divers préceptes de l'Evangile. Il ne peut surtout accorder l'ordre que Dieu nous donne de travailler, avec les nombreux passages où les soucis de cette vie sont mis au rang des péchés. — « Dieu, » disent-ils, « m'a imposé des devoirs. Il m'a donné une tâche pénible à remplir, il ne peut exiger maintenant que je les néglige pour prier sans cesse, pour lire constamment sa Parole, pour fréquenter assidûment le culte, pour rechercher des conversations religieuses. » — « Qui travaille prie, » en un mot, vous répondront, sans songer qu'ils blasphèment, ces gens si fort occupés, si vous les conjurez de penser à leur ame. « Faut-il donc tout abandonner, laisser nos champs incultes, fermer nos fabriques ou nos magasins, résigner nos emplois et ne plus rien faire que prier Dieu et que penser à nos ames? » vous répliqueront souvent ceux à qui vous lirez la parabole des noces, ou ce que Jésus dit en parlant des temps de Noé et de Lot, et tant d'autres passages où l'Ecriture semble interdire et condamner les soins de cette vie. (1)

Eh bien, mes frères, l'un et l'autre sont vrais. Le même Dieu qui dit à l'homme : « Tu mangeras ton pain à la sueur de ton visage, » Gen. iii, 19, dit ailleurs : « Ne travaillez pas pour l'aliment qui périt, mais pour celui qui demeure en vie éternelle, » Jean viii, 27. « Regardez les oiseaux de l'air, car ils ne sèment ni ne moissonnent, ni n'amassent rien dans des greniers, et votre père céleste les nourrit, » Matth. vi, 25—31. Dans tout cela l'Esprit saint est toujours vrai, toujours sage, toujours d'accord avec lui-même ; et si cette sagesse paraît folie au mondain, elle est justifiée par ses enfans, Luc vii, 25 ; car l'enfant de Dieu sait « faire ces choses-ci, et ne point négliger celles-là, » Luc xi, 42.

Je pourrais répéter ici ce qu'on a dit tant de fois à ceux qui prétendent « n'avoir pas le temps » de travailler à leur salut : c'est qu'ils savent bien trouver du temps pour toute autre chose ; et que quand ils ont un procès à suivre, une affaire importante à terminer, ils savent bien prendre le temps nécessaire

(*) En paraissant interdire les soins de cette vie, l'Ecriture n'interdit en réalité que les soucis et les soins inutiles ou excessifs.

pour s'en occuper, ils y pensent beaucoup et en par-
lent à tout le monde sans abandonner pour tout cela
leurs travaux ordinaires. Mais nous devons surtout
nous occuper de la différence des dispositions que le
chrétien et le mondain apportent au travail.

C'est par le principe que le travail du chrétien dif-
fère de celui du mondain. Le mondain travaille;
mais c'est souvent pour lui une dure nécessité, à laquelle il ne se soumet qu'en murmurant et en enviant
le sort de ceux qui peuvent s'en dispenser. S'il en
est beaucoup parmi ces derniers qui continuent à se
donner plus ou moins de fatigue, c'est bien plutôt
par l'amour de l'or, par ambition, par le désir de
satisfaire à des besoins de luxe, de sensualité ou d'orgueil toujours croissans, que par un véritable amour
du travail; et certes les exemples ne sont pas rares
de ceux qui, possédant une certaine fortune, ne se
font aucun scrupule de passer dans la dissipation ou
l'oisiveté leur inutile existence.

Le chrétien, au contraire, doit travailler par un
principe d'obéissance. Car Dieu a soumis tous les
hommes à la sentence prononcée contre Adam : « Tu
mangeras ton pain à la sueur de ton visage. Tu tra-
vailleras six jours et tu feras toute ton œuvre, » Gen.
iii, 17, 19; Exode xx, 9. Et dans le Nouveau Testament St. Paul nous déclare que si quelqu'un ne
veut pas travailler il ne doit pas non plus manger, 2
Thess. iii, 10. C'est donc par un principe de conscience que le chrétien travaillera : s'il est pauvre,
pour n'être pas à charge à la société; s'il est riche,
pour lui être utile, sachant qu'il doit payer non-seulement de ses biens, mais de sa propre personne, et

qu'un homme, quel qu'il soit, riche ou pauvre, est coupable envers ses semblables, s'il refuse de se rendre utile par quelque travail de l'esprit ou du corps.

De cette différence dans le principe, résultera nécessairement une différence dans les dispositions que le mondain et le chrétien apporteront au travail. Le premier n'ayant que soi-même en vue, et ne travaillant que pour ses besoins réels ou factices, y met tout son cœur et surtout toute sa confiance, attendant tout de soi, comme il rapporte tout à soi. Il s'inquiète du succès de son travail. Il est agité de mille soucis, et si enfin ses soins et ses peines n'aboutissent à rien, il éclate en murmures et s'abandonne au désespoir.

Le chrétien, au contraire, travaillant pour Dieu et devant Dieu, n'a garde de mettre sa confiance dans ses talens, son industrie ou son activité. Il regarde toutes ces choses comme des moyens, des intermédiaires que Dieu emploie pour lui procurer sa subsistance, n'oubliant jamais que c'est son père céleste qui le nourrit et lui donne son pain quotidien, et que c'est la bénédiction de l'Eternel qui enrichit. Il travaille avec confiance et avec tranquillité d'esprit, et si, malgré ses soins, son travail ne réussit pas, il s'y soumet avec résignation; sachant que son père céleste a mille autre moyens de venir à son aide. Il a obéi à son Dieu; sa tâche est accomplie; son véritable but est atteint.

Ainsi, tandis que le mondain travaille comme un propriétaire dont l'existence dépend du succès de son entreprise, le chrétien travaille comme un serviteur fidèle et zélé qui donne consciencieusement son temps et ses soins aux troupeaux ou aux champs d'un maître riche et bienfaisant, mais qui n'attend. point sa nourriture du résultat immédiat de son travail ; car si la vigne qu'il cultive, le blé qu'il a semé ou le troupeau qu'il soigne ne donnent pas leur fruit cette année, il sait que son maître a d'abondantes provisions et que personne chez lui ne manquera du nécessaire. L'enfant de Dieu peut donc, au milieu de la vie la plus active, des soins les plus multipliés, comprendre et pratiquer ces commandemens du Sauveur : « Ne soyez point en souci, disant : que mangerons-nous, que boirons-nous, ou de quoi serons-nous vêtus? Ne soyez point inquiets pour le lendemain : à chaque jour suffit sa peine. Ce sont les païens qui recherchent toutes ces choses ; et votre père céleste sait que vous en avez besoin. Cherchez donc avant tout le royaume de Dieu et sa justice, et toutes ces choses vous seront données par-dessus, » Matth. vi, 31-34. Le vrai chrétien conserve son cœur libre au milieu du travail, dans la prospérité comme dans les revers, et lui seul sait travailler, vendre et acheter comme ne possédant rien.

Mais il y a plus encore, et je crois devoir ajouter pour ceux qui craignent que la piété ne rende paresseux, comme pour ceux qui pourraient négliger les devoirs de leur vocation sous prétexte de piété, qu'elle doit rendre et rend en effet beaucoup plus actif quand elle est sincère et bien entendue. Car tandis que le mondain ne travaillant que pour lui, mesure ses travaux sur ses besoins ou sur ses désirs, et s'arrête aussitôt que la peine lui paraît dépasser les avantages, le chrétien qui travaille pour la gloire de Dieu et le bonheur de ses semblables, ne se croira

jamais en droit de s'arrêter aussi long-temps qu'il y
aura du bien à faire. « Travaillez de vos propres
» mains, dit St. Paul, « d'abord afin de fournir à
» tout ce qui vous est nécessaire et pour n'être à
» charge à personne, » 1 Thess. iv, 2; Act. xx, 34;
2 Cor. xi, 9; 2 Thess. iii, 8, ensuite « afin d'avoir
» de quoi » (non pas satisfaire à vos convoitises ou
mettre en réserve pour l'avenir), mais de quoi secou-
» rir ceux qui sont dans le besoin, » Eph. iv, 28. Le
chrétien peut donc travailler, épargner, spéculer
avec autant de soin et de vigilance que le mondain le
plus intéressé, mais ce sera pour être riche en bonnes œuvres, pour être, comme Job, en état de retirer l'orphelin dans sa maison, et de couvrir, comme
Dorcas, ceux qui manquent de vêtemens; pour rom-
pre du pain à ceux qui ont faim et pour visiter les
malheureux dans leurs afflictions, 1 Timoth. vi, 18;
Actes ix, 36, 39; Esaïe lviii, 7; Jacques i, 27 ; pour
répandre autour de lui l'instruction, l'industrie, et
surtout la connaissance de l'Evangile et pour faire parvenir jusqu'aux bouts de la terre la bonne nouvelle du
salut qui est en Jésus. Et n'est-ce pas en effet ce
qu'on voit tous les jours depuis la formation des diverses sociétés qui travaillent à l'avancement du
règne de Dieu? Combien d'artisans, de cultivateurs,
de pauvres ouvriers qui gagnaient à peine leur vie,
poussés par le zèle de la maison de Dieu, ont trouvé
le moyen de gagner ou d'épargner encore quelque
chose pour l'entretien des sociétés bibliques, de missions, de traités et pour la multiplication des écoles.
Combien de personnes riches, autrefois désœuvrées
et adonnées à mille vanités, ont non-seulement re-

tranché de leurs dépenses, mais travaillent maintenant de leurs propres mains pour ajouter à leurs offrandes en faveur de l'œuvre de Dieu, faisant ainsi pour la gloire du Seigneur ce qu'elles n'eussent jamais fait pour elles-mêmes.—Et ne voit-on pas les peuples nouvellement convertis et civilisés, redoubler d'industrie et d'ardeur pour le travail, afin de pouvoir payer les livres que les missionnaires leur distribuent, et former au milieu d'eux des sociétés auxiliaires de missions et des sociétés de bienfaisance? Ainsi le sauvage que son peu de besoin, ses habitudes et la fertilité de son pays rendaient si paresseux, devient actif et laborieux par cela seul qu'il est chrétien.

VI. « Que ceux qui usent de ce monde soient comme s'ils n'en usaient point. »

Ces paroles qui comprennent sommairement les devoirs détaillés dans les versets précédens, ont souvent été traduites de manière à favoriser nos penchans mondains : « User de ce monde comme n'en » abusant pas. » Mais les passages qui précèdent nous autorisent suffisamment à prendre le mot grec du Nouveau Testament, qui signifie également abuser et user, dans ce dernier sens. Car, ne pas abuser du monde est une maxime tout humaine, et qu'un païen avouerait comme un chrétien ; mais en user « comme n'en usant pas, » c'est là le secret et le privilége d'un cœur affectionné aux choses de l'Esprit. Cependant des chrétiens peu disposés à un véritable renoncement au monde, ont souvent pris ces paroles même dans le dernier sens, comme autorisant les commodités, les délicatesses et le luxe d'une vie sensuelle et mondaine.

Máis prenons-y bien garde ; si le sens de ce passage ne paraît pas bien déterminé, il l'est de fait par cent autres passages et par l'esprit de l'Evangile, et ne peut jamais anéantir ni même affaiblir les commandemens qui nous appellent à renoncer au monde et aux choses de ce monde, « à mortifier, à crucifier le vieil homme et à n'avoir pas soin de la chair pour satisfaire ses convoitises, » Rom. vi, 6 ; viii, 13, xiii, 14 ; Col. iii, 5 ; Gal. v, 24, vi, 8. Il ne saurait surtout nous exempter du devoir d'imiter Jésus-Christ, « qui étant riche s'est fait pauvre pour nous, » et qui nous a donné dans toute sa vie un modèle de renoncement et d'humilité pratique qui devrait nous faire rougir de notre mollesse.

Non, ce n'est bien certainement pas en parlant des superfluités de la vie que l'Apôtre nous dit : « Usez du monde ; » mais c'est des choses les plus nécessaires qu'il veut que nous usions « comme n'en usant pas. » Qu'est-ce que le monde pour le chrétien, sinon un triste désert qu'il passe en soupirant comme un voyageur ? Et que sont pour lui les besoins de son faible corps, sinon des misères et des entraves dont il lui tarde d'être délivré ? — Ira-t-il donc faire de ces besoins la source de ses jouissances, en les multipliant, en les augmentant pour les satisfaire avec recherche et volupté ? — Croira-t-il bien important que ce corps, qui bientôt doit pourrir dans un étroit sépulcre, soit pendant ces quelques jours de vie, couvert d'habits précieux, logé avec faste, couché mollement et nourri avec tant de délicatesse ? Et faudra-t-il, pour fournir à sa table et décorer ses appartemens, mettre à contribution les deux hémisphères et épuiser toutes les ressources de l'industrie? (1)

Le vrai disciple de Jésus doit manger pour vivre, se vêtir et se loger par nécessité, et ne suppléer à ses forces par celles des animaux que quand elles sont insuffisantes ou épuisées, et non, encore une fois, pour flatter sa paresse ou sa vanité. Le chrétien doit gémir sous le poids de ce corps de mort, 2 Cor. v, 2; Rom. vii, 24, et s'estimer heureux de s'en occuper le moins possible.

Et ne dites pas qu'entouré de la pompe et des délices du monde votre cœur y demeure étranger, et que vous en usez comme n'en usant pas. Si vous n'attachiez, en effet, aucune importance à ces superfluités, pourriez-vous en jouir si paisiblement, tandis qu'un si grand nombre de vos frères man-

(1) Quelques personnes, même parmi celles qui font profession de piété, croient justifier leur penchant pour le luxe en alléguant la nécessité d'encourager l'industrie et le commerce. Je leur répondrai d'abord avec le Sauveur : « Laissez les morts ensevelir leurs morts. » Il n'y aura toujours que trop de gens disposés à faire valoir une industrie toute consacrée à la vanité, sans que les disciples de Jésus s'en mêlent. D'ailleurs, si votre raisonnement est juste, pourquoi blamez-vous le jeu, l'ivrognerie et la profanation du jour du repos? Car si tout le monde devient religieux et sobre, de quoi vivront cette foule de cabaretiers, de teneurs de café et de guinguettes, qui ne spéculent que sur l'intempérance du peuple, surtout au jour du repos? — D'après ce principe, il n'est pas un excès qui n'eût son excuse; — et ce Démétrius qui employait tant d'ouvriers à la fabrication des petits temples d'Éphèse, eût obtenu gain de cause contre St.-Paul, qui, en effet, avait ruiné le métier de l'orfèvre en combattant l'idolâtrie par la prédication de l'Évangile. — Voyez Actes xix, 25.

que du nécessaire? Luc xvi. 19, 20. Si vous n'aimiez pas le monde et ses jouissances, vous n'auriez pas besoin de le dire : on le verrait. — Mais en admet-tant que d'après ce passage et sans sortir de l'esprit de l'Évangile, chacun puisse, dans une certaine me-sure, jouir des avantages de sa position, il restera toujours vrai que bien loin d'en être l'esclave, le chrétien doit être disposé à y renoncer sans re-gret, aussitôt qu'il y sera forcé par les circons-tances, ou appelé par ses devoirs; et j'ajouterai encore que ce dernier cas se présentera fréquem-ment s'il est attentif à la voix de l'Esprit de Dieu. St. Marc (ch. xiv, ver. 51) nous parle d'un jeune homme qui était probablement couché aux environs de Gethsémané quand Judas y conduisit les Satellites du Sanhédrin, et qui s'étant approché de la troupe enveloppé d'un linceul, fut saisi par quelques jeu-nes gens; « Mais, » dit l'Evangéliste, « il laissa le linceul entre leurs mains et s'enfuit tout nu. » Ce trait, qui semble de peu d'intérêt en lui-même, nous offre une image frappante de la manière dont le chrétien doit user des biens de ce monde. Le mondain s'en enveloppe et en est tellement lié, qu'en le prenant par cet endroit, on le mène où l'on veut; tandis que le chrétien, s'il est vraiment fidèle, n'en est que légèrement recouvert, et les abandonnerait mille fois avant de faire un pas hors de la droite voie.

Maintenant, cher lecteur, permettez-moi de vous demander, au nom du Seigneur, si votre cœur peut dire Amen à tout ce que vous venez de lire, et si vous pouvez vous reconnaître au portrait que nous

avons tracé du véritable chrétien? Sentez-vous la
réalité de ces choses? En faites-vous une expérience
habituelle ? Avez-vous effectivement une famille
comme n'en ayant point? Pouvez-vous, dans vos
afflictions, pleurer comme ne pleurant point, et
dans la plus grande prospérité, vous réjouir comme
n'étant point dans la joie? Savez-vous vendre et
acheter comme ne possédant rien, et « user de ce
» monde comme n'en usant point? »

Si ces principes vous paraissent exagérés, si vous
avez de la peine à croire qu'on puisse les mettre en
pratique, et si vous ne sentez pas que c'est à cela que
vous êtes appelé, permettez-moi d'en conclure que
vous n'avez point encore reçu ce nouveau cœur et cet
esprit nouveau promis à tous les vrais disciples de
Jésus-Christ; que vous êtes encore « conduit par la
» chair et affectionné aux choses de la chair, » Rom.
viii, 5, et par conséquent encore « étranger à l'allian-
» ce et aux promesses. »

S'il en est ainsi, cher lecteur, hâtez-vous d'aller à
Jésus le sacrificateur éternel, qui « est venu cher-
» cher et sauver ce qui était perdu, et qui maintenant vous fait supplier en son nom d'être réconcilié
» avec Dieu par lui, 2 Cor. v, 20. Demandez-lui la
lumière dont vous avez besoin pour reconnaître le
véritable état de votre ame, et quand, affamé et
altéré de la justice et soupirant sous le poids de vos
chaînes, vous aurez reçu son esprit d'adoption;
vous éprouverez que celui que le « Fils affranchit
est véritablement libre, et que tout en lui est re-
nouvelé, » Jean viii, 35; 2 Cor. v, 17. Quand
vous aurez « trouvé cette perle de grand prix,

» vous vendrez tout pour l'acheter, » Matth. xɪɪɪ, 46.

Et vous, ô mes bien aimés frères, qui avez trouvé ce trésor, vous qui faites profession d'être voyageurs sur la terre et de chercher la cité permanente, « poursuivez constamment la course qui vous est » proposée, rejetant tout fardeau » le péché qui nous enveloppe si aisément, Héb. xɪɪ, 1. Souvenez-vous que « nul qui va à la guerre ne s'embarrasse des affaires de cette vie, afin qu'il puisse plaire à celui qui l'a enrôlé pour la guerre, et que celui qui lutte use entièrement de régime pour obtenir la couronne, » 2 Timoth. ɪɪ, 4 ; 1 Cor. ɪx, 35.

« Prenez donc garde à vous-mêmes, de peur que vos cœurs ne soient appesantis par la sensualité et par les inquiétudes de la vie, » Luc xxɪ, 34 ; vɪɪɪ, 14. Soyez sobres et veillez, 1 Pier. ɪ, 13 ; v, 8. Que vos reins soient ceints et vos lampes allumées, » Luc xɪɪ, 35. Veillez et priez —Et que le Dieu de paix veuille vous sanctifier lui-même parfaitement, et que tout ce qui est en vous, l'esprit, l'ame et le corps, soit conservé irrépréhensible pour le jour de l'avénement de notre Seigneur Jésus-Christ: Celui qui vous a appelés est fidèle et il fera ces choses en vous, 1 Thess. v, 23 , 24. A lui soit gloire aux siècles des siècles. Amen !

FIN.